刘魁立

非物质文化遗产讲演录

我们的时代 我们的生活

刘魁立　　　　　　　　　　讲演

国家图书馆中国记忆项目中心　　整理

天津出版传媒集团

天津人民出版社

图书在版编目（CIP）数据

我们的时代 我们的生活：刘魁立非物质文化遗产
讲演录 / 刘魁立讲演；国家图书馆中国记忆项目中心整
理. -- 天津：天津人民出版社，2025.1. -- ISBN 978-
7-201-20851-0

Ⅰ. G122-53

中国国家版本馆 CIP 数据核字第 202445LX96 号

我们的时代 我们的生活：刘魁立非物质文化遗产讲演录

WOMEN DE SHIDAI WOMEN DE SHENGHUO : LIU KUILI FEI WUZHI WENHUA YICHAN JIANGYAN LU

出　　版	天津人民出版社
出 版 人	刘锦泉
地　　址	天津市和平区西康路35号康岳大厦
邮政编码	300051
邮购电话	（022）23332469
电子信箱	reader@tjrmcbs.com

策　　划	赵子源
责任编辑	康悦怡
封面设计	明轩文化·王　烨

印　　刷	天津市银博印刷集团有限公司
经　　销	新华书店
开　　本	880毫米×1230毫米　1/32
印　　张	7
字　　数	120千字
版次印次	2025年1月第1版　2025年1月第1次印刷
定　　价	68.00元

主　编　田　苗　郭比多

审　校　张建军

整　理　黄　静　田艳军　康　瑜　邢　超

　　　　　岳梦圆　张　曼　毛梦鸥　董宜凡

2024年1月5日,在国家图书馆开讲"作为时间制度的中国节日体系——以传统新年为例"

1977年夏，在大庆深入基层后，来哈尔滨松花江畔合照

20世纪80年代，与乌丙安、郭子昇等中国民俗学会同仁合照

20世纪80年代，在北京陪同苏联科学院高尔基世界文学研究所学者游览颐和园

20世纪80年代，在苏联后贝加尔边疆区首府赤塔参加国际学术研讨会

20世纪80年代，在苏联卡尔梅克共和国首府埃利斯塔参加国际学术研讨会

20世纪80年代，在新疆参加维吾尔民间文化国际学术研讨会

1994年5月，在内蒙古额尔古纳调查俄罗斯族居民风俗

1995年4月，参加亚洲民间叙事文学学会会议，与刘守华、崔仁鹤等同仁合影

21世纪初，在俄罗斯西伯利亚塞梅斯基村与居民合照

21世纪初，在俄罗斯西伯利亚乡村考察

2009年8月，在佛光大学参加海峡两岸学术会议

2009年11月，参加中国·徐州非物质文化遗产高层论坛

2011年8月，在俄罗斯科学院高尔基世界文学研究所参加学术研讨

2012年5月，参加淮海地区非物质文化遗产研究中心学术委员会会议

2016年5月，调研澳门鱼行醉龙节（摄影：李春园）

2018年9月，访问俄罗斯东正教旧礼仪派大牧首办公室

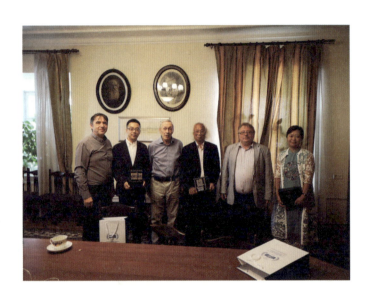

2018年9月，访问俄罗斯科学院高尔基世界文学研究所

2018年9月，访问俄罗斯文化部——俄罗斯民间创作之家

2018年9月，在俄罗斯莫斯科郊外的"克里姆林宫"（摄影：李春园）

前　言

　　刘魁立先生是我国民俗学界的泰山，非物质文化遗产保护领域的北斗，数十年来在学术研究、学科发展、人才培养、政策咨询、遗产申报、传统文化推广普及等方面的贡献卓越，不可替代。

　　魁立先生也是国家图书馆的老朋友。他一直关心、支持我馆的社会教育与非遗保护工作。在过去十几年中，先生多次受邀在我馆开坛授课，为国图的读者和全国的非遗保护工作者传道解惑。每次授课，先生都会严密构思、悉心准备，将宏阔的思想与深厚的学养融汇于讲台，呈现给听众。所授内容既包括对我国非遗保护工作的整体解读和发展评述，也包括对传统新年、二十四节气等具体非遗项目的专题讲解，还包括国际视野下的非物质文化遗产研究。先生的授课，不仅启发了一批又一批的听众，也为国家图书馆留下了一笔宝贵的讲座资源。

2024年，是我国批准联合国教科文组织《保护非物质文化遗产公约》二十周年。魁立先生作为我国非物质文化遗产保护的推动者、参与者，亲身见证了二十年来我国非物质文化遗产保护领域所取得的成就。在这个特殊的时间点，我们将先生在国图的多场讲座整理成册，以资纪念，以飨读者。

国家图书馆中国记忆项目中心

2024年12月

1

辑一

中国的非遗保护

当今社会历史条件下的
非物质文化遗产保护

国图讲坛·2013非遗讲座月

时间：2013年6月14日

地点：国家图书馆·学津堂

2013年"文化遗产日"非物质文化遗产活动的主题是"人人都是文化遗产的主人"。我们作为主人，就应该对我们生活中这个非常重要的组成部分有所了解、有所关注，并承担起保护它的责任。

一、非物质文化的性质和特点

"文化"从哲学或文化学的角度来讲，有非常多的定义。如果把这样一个对象说得简单一点，整个人类在漫长的历史过程中所创造的一切物质成果和精神成果的总和，我们就把它叫作文化。

在分析和研究文化之前，首先要对它进行分类，我们过去常常把文化分为物质文化和精神文化。什么是物质文化？比如摆在桌上的表、电脑、茶杯等，这些都是物质的，那么我们就把它们叫作物质文化。当然，我们还有精神文化，比如说表的设计、制作，整个工艺过程是无形的，是看不见摸不着的，那么这一部分，我们把它叫作精神文化。

在有了物质文化和精神文化的分类之后，也许还有一些东西我们不确定往哪里分。比如说开车，许多人都会开车，我虽然不会，但是我知道我们开车是用左舵，日本人开车是用右舵。这也许没什么道理，但这些规矩，要按照前面所说的标准来划分，好像往哪分都不合适。于是，我们将其称为调适文化或制度文化，就有了所谓的"三分法"。当然，还可以再加上另外的几种分法，如果这样就有点麻烦了。于是，联合国教科文组织就采用了我们现在已经习惯的这样一种分法，即物质文化和非物质文化。

有了这样一种分类之后，再来看我们所面对的东西，可以发现物质和非物质是这样紧密地关联在一起的，所有的物质文化，在它内在的核心当中，也包含着非物质性的成分。因此，我们也要对非物质文化进行研究保护。当然，我们可以保护很多东西，比如说，我们的考古挖掘有许多发现，商后母戊鼎、编钟、明代瓷器或者是更早的一些非常精美的器物，这些都是物质的。我们知道现在的技术，可以恢复过去的一些技艺和工艺，据说编钟可以做到和原来的一模一样。也就是说，这里面所包括的非物质性的文化，我们现在可以重构。但是，和编钟相近的铜鼓，据说我们怎么也不能把原来的技术原原本本地恢复起来。许多老师傅的那种本事、那种技术被我们忘记了，被时代忘记了。现在做出来的铜鼓敲一敲，和原来的声音就是有差异。也就是说，铜鼓制作里面所包含的非物质性的技艺，没有得到很好的传承与恢复。

那么，我们所面对的这些非物质文化和物质文化究竟有什么区别？非物质文化到底有什么特点呢？

第一个特点是共享性。也就是说，非物质文化是人类所共同享有、共同享用、共同传承的文化成果。我原来有一位同事，四川人，他和他的兄弟姊妹一样都说四川话，他们彼此之间，从来没有为都说四川话而打架，没有只许我说不许你说。但是当老父亲去世之后，兄弟之间就因为一个非常漂亮的书橱动了刀子——物质性的文化是不可以共享的。大家常常说我们共饮一杯酒，实际上是不能共饮的，你喝你的，我喝我的。促膝谈心的两个人都坐在同一张桌子旁，但你坐你那一半，我坐我这一半。因为物质都是在一定的时间、空间存在的，所以两个人不可能共有一件东西，而非物质的文化是可以共享的。一个老师教大家唱歌，所有人都可以学，而且所有的人都可能学会。这种经验、技术等是弥散性的，是可以被大家共同掌握的。

这种共享性非常重要。不可能只有一部分人来发明创造，而另外一部分人完全与之无关。哪怕你再有本事，也不可能从石刀石斧发明起，一直到最后发明出来电子计算机。所以，人类推进整个文化的发展，靠的是彼此的这种非物质性文化的共同享有。

非物质性文化的这种共享性与人类的发展共短长。从有人类的那一天起，人类便开始互相借鉴、互相借用彼此的文化成就。非物质文化的共享性在人类整体的文化发展中起着非常重要的作用。因为有了共享性，整个人类才有一个文化发展的前景。

第二个特点是活态性。对于物质文化，如果进行非常精密的测算的话，它也是无时无刻不在变化的。但是，以我们现在能够感受得到的这样一种情况来看，这种变化可以忽略不计，而非物质性的文化却时时都在变。比如我再重复一遍我刚刚说的"时时都在变"，已经和刚才有差异了；让我再讲一遍刚才所讲的那段故事，也已经是另外一个形态了。再优秀的歌手，一首歌唱第二遍的时候也会有变化。我们年年过年，但是年年都不同。所以非物质性的文化，它是一个动态的生命，是时时在变化的。这样一个生命，你不可能让它停滞在某一个时间点上。非物质文化的这种动态性特别明显，要比物质文化复杂得多。它每一次的呈现，都是这个生命体的一个环节。

第三个特点是以人为载体。物质文化一旦被创造出来之后，就和人脱离了关系，成为一个独立的存在。比如说一个茶杯，在我们创造的过程中间，它当然是我们人的一种智力和技能的体现，但是一旦创造出来之后，它就和人脱离了关系。可是这些非物质的文化，它是以人作为载体的。有人在，这些思想、这些技术就存在；没有了人，技术就没有着落了。这些思想、这些技术，它的主体是人。所以，这一点是非物质文化和物质文化非常大的区别。

以上几点可以说明，非物质文化和物质文化有着严格的区别。联合国教科文组织关于非物质文化遗产保护的理念，便是把相关社区、群体和个人的发明和创造，变成整个人类的一种财富。我们绝不能以一种文化独占的霸权模式而使人类的文化变得更加狭窄、单调。通过这样一种非物质文化的共同享用，通过推荐各个民族的优秀文化成果，使整个人类的文化发展能有多样化的前景，使我们整个世界变得更加丰富，使我们人类有更加健康持续的发展。我想这一点特别重要。

二、联合国教科文组织关于非物质文化遗产保护的宗旨和措施

2003年，联合国教科文组织第32届大会上通过了《保护非物质文化遗产公约》。他们考虑到几个方面的问题，才制定了这样一个公约。一个就是非物质文化和物质文化的关联，非物质文化遗产和自然与文化遗产的关联。大家都知道，早在这之前，有文化遗产、自然遗产这样的一些名录的公布，我们中国的故宫、长城等都被列入其中。物质文化遗产，即使在一定意义上得到了保护，可随着历史的发展，它们有朝一日也会在地球上消失。我们认为，一种建筑即使得到了保护，可是几百年、几千年之后，我们仍然不可能完整保存它。那么，在这样的情况下，只要能够把其非物质性的内涵和宝贵的技术设计保存下来的话，我们就还可以重新再建造。

另外，在非物质文化遗产的保护过程中，联合国教科

文组织还考虑到一些其他的理念，因为这些非物质性的文化遗产，实际上也凝聚着我们每一个民族共同的心理。所以，它是民族认同一个非常重要的依据，它可以提升我们的创造力，也可以提升我们在整个历史发展过程中的生命力。这种创造力、这种生命力的推进，就使得我们今后在整个文化发展过程中能够有非常多的新贡献！于是，在这种思想的指导下，经过多方面的磋商和多次的筹备，联合国教科文组织通过了《保护非物质文化遗产公约》。其宗旨在于保护这些非物质文化遗产，尊重有关社区、群体和个人的非物质文化遗产，在地方、国家和国际一级提高对非物质文化遗产及其相互欣赏的重要性的认识，并开展国际合作及提供国际援助。

我们知道所谓民俗，所谓非物质文化，就是我们的生活方式。我们怎么看这个世界，我们如何和世界打交道，我们怎么来调节人与人之间的关系、人与自然的关系，我们怎么把自己的精神世界安排好，这都是非物质文化。可是如果只推行一种文化，用一种生活方式，替代了我们自己民族的生活方式，而且全世界都这样的话，世界文化就没有办法发展。我们大家都吃一样的菜，都穿一样的衣服，那将来我们都变成机器人了。所以，文化的多样性，使我们的这个世界变得丰富，多姿多彩，而且具有发展的生命力；它激发了我们所有人的创造力，并使这种创造力能够得到充分的发挥。在这样的情况下，我觉得《保护非物质文化遗产公约》的制定，对将来人类文化发展有着非常重要的意义！每个民族都保护好自己的文化，而且把保护好的民族文化又贡献给世界，就像现在我们大家可以吃印度的饭菜，也可以吃巴西的饭菜，我们的饮食就变得无限丰富。当然，我们的口味仍然还是中国的口味，还是我们民族的口味，这并不妨碍我们也可以享受其他的美味。中国是茶叶的故乡，以前外国人是不会喝茶的，可是现在他们也喜欢喝茶，我们也喝咖啡、吃巧克力。这样，我们的生活就变得很丰富。

每一个民族，是否善待、继承和弘扬自己优秀的民族文化，这不仅仅是本民族的事情，同时也是全人类的事情。我们可以在建造我们自己的文化的过程中，向整个人类提供一种借鉴，丰富整个人类的文化。《保护非物质文化遗产公约》将非物质文化遗产定义为：非物质文化遗产，指被各社区、群体，有时是个人，视为其文化遗产组成部分的各种社会实践、观念表述、表现形式、知识、技能以及相关的工具、实物、手工艺品和文化场所。这种非物质文化遗产世代相传，在各社区和群体适应周围环境以及与自然和历史的互动中被不断地再创造，为这些社区和群体提供认同感和持续感，从而增强对文化多样性和人类创造力的尊重。

这样一个完整的定义非常有意义。我们仔细地分析一下，第一点，非物质文化被我们视为遗产。这里就有一个价值判断，即这些东西对我们来说是可亲的，是珍贵的，是有直接关联的，我们把它看成我们的遗产。有人曾经问道：当你们讨论非物质文化遗产保护问题的时候，是不是就把糟粕和精华混在一起了？比如，你们是不是把裹小脚、吸鸦片也看成需要保护的对象？我们从来没有把裹小脚说成是我们的文化遗产，我们也从来没有把抽大烟说成是我们的民族遗产！这里有一个非常明确的价值判断，遗产对于我们是珍贵的东西，我们从来不会把家里的垃圾说成是家里的遗产。所以，当时我就以鸦片为例："如果要说是遗产的话，对不起，鸦片不是中国的遗产，是外国侵略者的遗产。"

过去，我们的茶叶在整个国际市场上的份额，大概占了百分之八九十，甚至更多，一直到18世纪都是如此。外国人都喜欢喝中国茶，喝中国茶是要花大量银子的，这并不是因为我们的茶叶卖得贵，而是运输困难。当时都是靠人背肩扛、徒步搬运，而后乘船运往世界各地。那些搬运工，将茶饼摞得比人还要高，然后背在背上，翻山越岭，徒步行进，异常艰辛。那么，当一些欧洲国家，喝茶已经付不起银子的时候，他们就想了一个办法，让中国人也拿出银子来买东西。他们在殖民地种植了许多鸦片，并将其输入中国，扭转了贸易逆差。此外，英国人在锡兰（今天的斯里兰卡）开始种茶叶。1890年，英国推出立顿红茶，很快地把中国从茶叶市场上排挤了出去。

第二点，非物质文化为我们提供了认同感和历史感。一个民族有没有历史感，是这个民族有没有自信心、能不能向前发展的一个基础。有历史感的民族，是有信心努力地向前走的。认同感有凝心聚力的作用，比如说，春节是我们的非物质文化遗产，它可以将全球华人凝聚在一起。所以，这种认同感、历史感，对我们来说非常重要。当然，非物质文化遗产也是我们向整个人类社会做贡献的一个手段。

三、我国的非物质文化遗产保护

长期以来我们对于文化的认识是有偏差的，常常把物质的层面看得特别重，对物质的追求特别多，人们较多关注的也只是这一方面。如果这样的话，我们就会让物欲主宰了我们、绑架了我们，我们就变成了一个所谓现代的物质崇拜者，我们就变得非常非常可怜了。我们常常把物质里面的那些非物质性的东西看得很轻，关于我们自己文化的那些宝贵的地方，我们看得也轻了。所以有的时候，我们只能看到一个节日的表面。比如过春节小孩子拜年，看重的是能得到多少压岁钱，把拜年这样一个仪式，变成完全是物质的追求了，把春节的内涵弄没了。这是一个很严重的问题。

另外，我们要看到在国外许多欠发展的地区和国家，他们的文化，始终没有在整个人类文化的大舞台上占有一席之地，而发达国家占据统治地位。现在是科学至上、科技至上的时代，人几乎就变成了一种科技的动物。可是人还是人，是一个文化的人，我们为什么不能够和你们平起平坐呢？为什么只有一种或两种语言统治着这个世界，其他民族的语言得不到发展？民族语言是我们每一个民族凝聚在一起的一个非常宝贵的财富。

我们国家也是如此，西方的文化在我们这里变得特别流行。比如请人吃快餐，煎饼馃子好像就不如汉堡有档次。在饥饿面前，我们很难说煎饼馃子和汉堡有什么不平等。

煎饼馃子里面有鸡蛋，有粗粮，还有青菜、葱、酱等，在营养上，它要比汉堡全面得多呀！而汉堡要比煎饼果子贵得多。在这样的情况下，提出非物质文化遗产的保护非常必要。因此，2011年，我们制定了《中华人民共和国非物质文化遗产法》。各地方也颁布了有关非物质文化遗产保护的法规，建立有相应的行政机构。

《中华人民共和国非物质文化遗产法》明确规定非物质文化遗产保护工作的目的在于"继承和弘扬中华民族优秀传统文化，促进社会主义精神文明建设，加强非物质文化遗产保护、保存工作"。

非物质文化遗产承载着中华民族的辉煌历史，铭刻着中华民族的伟大创造，是弘扬优秀传统文化的重要载体，是建设社会主义精神文明的重要资源。加强非物质文化遗产保护工作，是建设社会主义和谐社会的内在要求，也是各级政府部门义不容辞的职责。保护非物质文化遗产，应当注重其真实性、整体性和传承性，有利于增强中华民族的文化认同，有利于维护国家统一和民族团结，有利于促进社会和谐和可持续发展。

我们制定的这些方针、原则和范围，都与联合国教科文组织的《保护非物质文化遗产公约》有相应的关系。

在这里，我想对其中我们特别关注的几个问题加以说明。

首先，前面我们说了，所有的非物质文化，都是以人为载体的。所以，当我们提出来要保护非物质文化遗产的时候，自然首先要保护它的载体——人，这是我们所确定的一项非常重要的原则。在这一点上，可以说是我们中国的一个经验。

我们有时会用"民族的脊梁"这样的庄严词汇来形容那些承担起民族振兴大业的人们。我们大家从心底里感激他们在保护和继承民族文化传统方面所做出的巨大成绩。今天，我们有着众多的非遗传承人，他们都是文化的伟人、历史的英雄，我们应该对他们特别加以保护和尊重。我们的后代也应像我们今天对待这些伟大创造者一样，在非物质文化遗产传承人的智慧和才具面前，脱帽行礼，表示敬意。他们就是创造历史的人，而这种创造，有更强劲、更长久的生命力，影响更广远。文化传承的意义在于培固民族文化之根、发扬民族精神之魂，这既是对我们民族复兴大业做出的贡献，也是对人类的文化发展做出的贡献。

其次，还有一个非常重要的问题，就是整体性保护。作为一个幅员辽阔的文明古国，中国有着极为丰富的文化遗产。因此，我们不能以对一个个具体事象的保护来替代对优秀文化遗产全局的关注和保护，应该在全民范围内树立和增强对整体性的保护意识，只要是能体现人类在一定时空内的创造力及其文化形态的，都应该给予关注、研究并注意保护。如果不能从整体上对非物质文化遗产加以关注并进行综合保护，仅仅以个别"代表作"对已经认证的文化片段进行片面的"圈护"，那就可能在保护个别文化片段的同时，漠视、忽略、遗弃或者伤害更多未被"圈护"的优秀文化遗产。所以，我们对非物质文化遗产的保护不应也不会仅仅停留在保护一个个"文化碎片"或者"文化孤岛"上。历史的经验及世界文化遗产保护的发展趋势都告诉我们，坚持整体性原则是非物质文化遗产保护的必然方向。

在全球经济一体化和社会生活现代化的大潮中，我们的传统民间文化正面临损毁和消亡的危险。其结果绝不仅仅意味着个别文化事象的毁灭，而是整个多样性文化生存空间的改变，如果我们不能从整体上对此加以热心关注、科学分析和合理有效的保护，那么，任何个别"圈护"都会变得苍白无力。

说到整体性保护，我们不能将非物质文化遗产具体事象从它的生存环境和背景中割裂出来"保护",否则只会切断其自我更新、自我创造的能力,最终使我们的非物质文化遗产的根基受损。换句话说,对非物质文化遗产具体事象的保护,要尊重其内在的丰富性和生命特点。不但要保护非物质文化遗产自身及其有形的外在形态,更要注意它们所依赖、所因应的结构性环境;不仅要重视这份遗产静态的成就,还要关注各种事象的存在方式和存在过程。比如,保存了民间故事的文字记录,并不能替代它的讲述场景、讲述氛围和讲述技巧等重要过程的真实全面的记录。仅仅有哭丧歌的歌词远远不能反映哭丧仪式中的悲怆情绪和死别的心境;仅仅有情歌的歌词同样难以表达恋爱过程中情感交流的丰富内涵。总之,既要保护文化事象本身,也要保护它的生命之源。

非物质文化遗产保护的整体性原则不仅是就空间向度而言,也表现在时间向度上。传统是发展的、流动的,它有自己运行的客观规律,非物质文化遗产作为传统的一个方面,同样有其发展过程,不可能一成不变。非物质文化遗产的每一个事象都是一个活的生命体,像一棵棵千年古树,枝繁叶茂,郁郁葱葱;像一条条奔腾不息的长河,涓涓细流汇集在一起,不舍昼夜,奔腾向前。流动是永久的,变化也是永久的。我们不能只注意非物质文化遗产的历史形态，忽视其现时状态和将来发展，割裂其发展和流变，人为地将还活着的非物质文化遗产"化石化"。

同为人类文化遗产，非物质文化遗产与物质文化遗产相比，有其独特的存在方式。特定时代、特定空间的有形文物是固定的、不可再生的，它可以是一种静态存在，是一种物化的时间记忆和空间存在，相对来说，可以用强制的手段对其进行有效的保护。

但是，非物质文化遗产却是流动的、发展的，它不可能脱离生产者和享用者而独立存在，它是存在于特定群体生活之中的活的内容，是发展着的传统行为方式，它无法被强制地凝固保存。在联合国教科文组织《保护非物质文化遗产公约》的定义中，对"创新"和"可持续发展"的强调，是很值得我们认真思考的。我们切不可把有形文化遗产的保护方法简单地挪用到非物质文化遗产的保护上，不应割裂文化传统与民众生活方式的关联，把这种文化传统固定在既有的时态上，遏制了它在新的生存时空下的新的发展。物质文化遗产反映的可能只是人类过去的创造，而非物质文化遗产反映的是人类的过去、现在及将来的创造力。文化精神和气韵的流变是有生活基础的，没有了生气勃勃的生活的滋润，保护难免流于形式，遗产离绝唱也就不远了。因此，承认并理解文化遗产自身的嬗变，正意味着对它的尊重。

保护非物质文化遗产还面临一个关键性问题，即不仅要关注和尊重非物质文化遗产外在的表现形式，同时还要关注和尊重蕴含于其中的文化价值观。非物质文化遗产承载着生活制度和行为规范的内涵，是民众生活中须臾不可离开的一个有机组成部分。蕴含在各民族非物质文化遗产当中的价值观念构成了这一文化的灵魂。非物质文化事象的本质在于它的内在价值，即在于人同这一非物质文化事象的关系，脱离了内在价值的非物质文化事象只能是徒有其表、内无灵魂的空架子。如果舍弃了对价值观念这一文化灵魂的保护，就等于肢解了非物质文化遗产的有机生命，它也就不再是活的文化了，对它的抢救和保护也将徒具形式或者事倍功半。

最后，非物质文化遗产是活态的，就要进行活态的保护。所以，我提出了一个观念，叫基质本真性的保护，也就是真实性的保护。它和一般的我们习惯所使用的术语不同，之所以不同，是因为基质本真性是一个更侧重历时的一个概念、一个范畴。基质本真性关心事物自身在其发展演进过程中的同一性。有了这样一个时间的维度，才有之前和之后它是不是同一个事物的问题。比如，我们现在说"请你注意保护你的身体"，不是要保护你今天的状态，而是要保护你成长、发展的那样一个最本质的健康。三岁的你是你，二十岁的你是你，五十岁的你同样是你。所以，保持同一性，是非常重要的问题。

我们用一个图来表示一个非物质文化遗产事象的演进过程。一个事物的发展历程，是用时间来表示的，假如我们把它抽象出来的话，就好像是一个事物由一个端点朝着另外一个端点发展。那么在这样一个发展过程中，是不是一条直线呢？不是。它是忽粗忽细的，一会儿由于它自身的原因，变得可能会胖一点，一会儿它会瘦一点，再胖一点，再瘦一点，等等。那么这样看来一个事物的发展并不是一条直线，而是一条曲线。一个非物质文化遗产的事象，

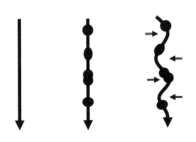

从它发生的时候起，经过长时间的演变，一会儿丰富，一会儿弱化，一会儿又有了变异，永远不会停滞在完全相同的状态底下，它在不断地发展中，展示着自己的生命力。

我们以端午节为例，按照阴阳五行的说法，五月初五这个时候，阳气发展到极致，而阴气开始萌生，这个过渡很困难。于是，我们戴五彩线、防五毒、喝雄黄酒、挂艾蒿、点红痣、戴荷包等，所有的这些，都是要平安地度过这个时候。我们将这一天定为端午节。所以，有人说这是一个卫生的、防病的节日。但是最初的时候，端午节是为了适应人和自然的这种关系。假如为了保持原生态，我们就保护最初的端午节行吗？不行的。因为还有其他许多的因素影响或者是充斥着这个发展的历程。如果说最早的端午节是一个方形，那么后来发生了非常多的变化。比如说，有了纪念屈原忠君的传说。同时，在一些地方还有纪念曹

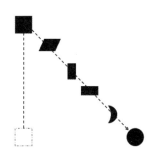

娥孝亲的说法。这里有了所谓忠孝，已经是人和人之间的社会关系、伦理关系的问题了，变化非常多。后来，我们又增加了龙舟赛、诗人节等。那么，对于这些变化，请问我们保护哪一个才对？保护哪一个时期形成的传统才对？

今天我们所过的端午节，假如是圆形的话，从它的外表、形态上看，已经不是最初的那个方形了。但是它仍然是端午节，仍然还保存着相当重要的那些因素。这时候，我们就面对一个问题：这个变化了的事物，还是不是它自身？那个"规定性"还在不在？我们将这个"规定性"称为基质本真性。这个和通常所说的原生态已经完全不一样了，它是一个历时的、随着时间而不断变化，并把这个变化的、发展的因素考虑在内的一个概念。所以，基质本真性指的是一个事物还是它自身的这种特性。它是衡量一个事物没有蜕变、转化成为另外一个事物的一个规定性尺度。

那么，基质本真性包含什么内容？我们再以端午节为例，不同时期的端午节，我们找出它一个本质的东西，假如用一张图来表示的话，它的基质本真性便是一个三角形，这个三角形是存在于整个发展历程当中的。它包含着基本性质、基本结构、基本形态、基本功能，和我们对它的基本评价及态度。我觉得这些，正恰是我们要特别关注的东西。

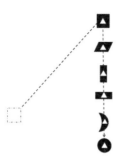

在当下的社会环境中，人们有时会过分追求功利。在这样的观念面前，我们常常会忘掉意义。所以，在今天，要特别关注基质本真性。我们做人也是如此的，我们有一些本质性的需求，比如说吃饭、穿衣，但是同时我们也会常常被一些虚假的、并非真实的需求蒙蔽了眼睛。我常常举这样的例子：吃饭是必须的，不吃饭会饿死，但是，抽烟未必是必须的。而这种虚假的需求一旦得到满足的时候，你有快感，你有幸福感，于是，"饭后一支烟，赛过活神仙"。那些不抽烟的人，从来都是"活神仙"，何必非得去满足这种虚假的需求呢！我们常常被许多虚假的需求控制着。在地铁里放眼望去，不少年轻人像是囚徒一样，像是在蹲监狱似的都被一个东西绑架着，这个东西叫手机。一个人为什么会自愿地把自己生命的一部分贡献给这个绑架我们的手机呢？所以，有的时候我会想，究竟我们被绑架

的时候，有没有考虑到我们生命的意义？

我觉得在这个时候，怎么使自己的生活更有意义，就显得特别重要。这就是我们为什么在提倡非物质文化遗产保护的时候，要特别强调生活本身的意义。我觉得在这个时候谈非物质文化遗产的基质本真性问题，是有价值的。

从我们国家发展的过程中看，我们在非物质文化遗产保护领域做了非常多的工作，其中首先是普查。国家规定，县级以上人民政府要根据非物质文化遗产保护、保存工作需要，组织非物质文化遗产调查。非物质文化遗产调查由文化主管部门负责进行。国家要求"对非物质文化遗产采取认定、记录、建档等措施予以保存，对体现中华民族优秀传统文化，具有历史、文学、艺术、科学价值的非物质文化遗产采取传承、传播等措施予以保护"。还特别指出，"使用非物质文化遗产，应当尊重其形式和内涵。禁止以歪曲、贬损等方式使用非物质文化遗产"。同时要求，县级以上人民政府应当将非物质文化遗产保护、保存工作纳入本级国民经济和社会发展规划，并将保护、保存经费列入本级财政预算。2009年，文化部公布我国非物质文化遗产总数，近87万项，就是在我们普查的过程中发现的，这是一个了不起的数目。

再就是建立国家、省、市、县四级非物质文化遗产名录体系，由国务院建立和发布国家级非物质文化遗产代表性项目名录，将体现中华民族优秀传统文化，具有重大历史、文学、艺术、科学价值的非物质文化遗产项目列入名录予以保护。省、自治区、直辖市人民政府建立地方非物质文化遗产代表性项目名录，将本行政区域内体现中华民族优秀传统文化，具有历史、文学、艺术、科学价值的非物质文化遗产项目列入名录予以保护。这个名录，不是商业广告，不是光荣榜，而是一个要为整个民族保护非物质文化遗产的军令状。

我们也有一个非物质文化遗产代表性传承人的名录制度。国务院文化主管部门和各级人民政府文化主管部门对本级人民政府批准公布的非物质文化遗产代表性项目，可以认定代表性传承人。当然，还有文化生态保护区建设。对非物质文化遗产代表性项目集中、特色鲜明、形式和内涵保持完整的特定区域，当地文化主管部门可以制定专项保护规划，报经本级人民政府批准后，实行区域性整体保护。确定对非物质文化遗产实行区域性整体保护，应当尊重当地居民的意愿，并保护属于非物质文化遗产组成部分的实物和场所，避免遭受破坏。

这些都是中国在非物质文化遗产保护方面的经验。仅仅十年的时间，已经为我们将来民族文化的发展和文化建设，打下了一个很好的基础。

"人人都是文化遗产的主人"，我们应该为非物质文化遗产的保护尽一份我们的力量！我们大家一起共勉！

谢谢各位！

关于传承人抢救性
记录问题

国家级非物质文化遗产代表性传承人记录工作培训班

时间：2016年8月29日

地点：国家图书馆·学津堂

尊敬的各位先生、女士，应该说是各位同行，大家在非物质文化遗产保护领域里已经工作了一些时日，大家都很辛苦，我发现每一个参与这项工作的人都怀着极大的热情，而且是心甘情愿为这样一份事业来贡献自己的精力，贡献自己的才智。因为这是一项非常了不起的工作，不仅对于我们自己、对于我们家乡、对于我们整个民族有那么多的好处，同时对于整个人类包括其他民族、其他国家，也都有非常重要的意义。因为这项工作不仅仅涉及我们今天，同时也涉及明天，涉及我们子孙后代的福祉。我们要种下那么丰富、那么宝贵的遗产的种子，而这个遗产的种子越往后越将显示出自己的生命力来。

今天要向各位请教、交流的，有这么四点：

第一，为什么提出来这样一个问题，为什么要保护非物质文化遗产？过去没这么做日子不也过得挺好吗？

第二，过去我们做了很多文物保护、自然保护等受益良多的事，非物质文化遗产的保护有那么重要吗？它和物质文化遗产有什么关系？

第三，非物质文化遗产靠谁传承的？说说传承人的问题。

在这三个前提后边，我们来谈一谈传承人抢救性记录工程①。

首先要谈一谈非物质文化遗产概念的提出，这个过去我也说过，从广义上来说文化是人类所创造的一切物质产品和精神产品的总和。那些被人类创造或者是改造过的、满足人类某种需求或者是表达某种意图的东西通常被称为物质文化。非物质文化是指人类创造的不以物质形式呈现的成果，当然它也是文化成果。无论是我们的技能、智慧、技巧，还是我们的观念表达，我们各种各样的表现形式包

---

① 2019年，"国家级非物质文化遗产代表性传承人抢救性记录工程"更名为"国家级非物质文化遗产代表性传承人记录工作"。（编者注）

括艺术表现形式，这些都和物质有关，但又不是物质本身。物质仅仅为人提供作为生物体生存的基础条件，更重要的是习得和传承非物质文化。

长期以来人们对文化的认识存在着一定程度的偏差，常常特别关注文化的物质层面，轻视物质中所蕴含的思想、精神及整个非物质文化的重要意义和价值。仅有的对非物质文化的关注又局限在精英文化。比如说我们熟知那些大思想家、大艺术家做出来的成就，对蕴藏在老百姓中间最普遍、最常用、最基础的非物质文化视而不见。我们天天都在走路、唱歌，便看不出这种习得背后的文化属性。这种文化偏见容易造成文化的民族性和它的深厚历史底蕴的丧失，使各民族文化逐渐趋同。如果我们不尊重自己的传统，见着什么就去崇拜，就永远不会有我们自身的文化创造力和生命力。

非物质文化遗产和物质文化遗产有什么区别？有的时候我们去看非物质文化遗产的展览，看到的仍然是物质文化遗产，非物质文化遗产在里边表现得很弱。偶尔我们在展览上能看到几个传承人，比如说蜡染的展览，但我们不知道整个制作过程，也不知道传承人心里在想什么，他画出来的纹样代表着什么，对于他来说有什么价值、意义。

所以从某种意义上这些展览多多少少地离着非物质文化遗产有点远，我们没有把物和非物之间的关系理清，有的时候仍然以物来替代非物，而且常常觉得那个物是可以取代非物的。大概在历史上，我们就是这样过来的，所以已经习惯了，觉得这就是常理。但现在我们要做抢救性记录的时候，这个问题就特别突出了。

随着社会的演进和环境的更迭，物和非物在性质、结构、功能、形态和价值判断各个方面上都发生了很大的变化，所以在保护和传承非物质文化遗产的过程里，有时候我们会误认为那个物化的结果就是非物质文化遗产，实际上离非物质文化遗产远着呢。

非物质文化遗产区别于物质文化遗产的特点主要有三个，第一个特点是共享性，共享的目的不在于盲目追随他人，否定自我，而在于广泛地吸纳、借鉴其他民族所创造的人类文化精华，以丰富和建设自己的人类文化精华，以丰富和建设自己的民族文化，增强民族文化的生命力和创造力。

第二个特点为活态性。非物质文化遗产是一个生命体，它是在不断地发展着、演变着的，始终处于一种变化的过程中，它生命的活力就在于这个演进。

第三个特点是以人为载体。非物质文化遗产以人的观念、知识、技能、行为作为它的表现形态。因此，它的核心就是对传承人的传承活动的关注和保护。在非物质文化遗产保护各项工作中没有任何一项不是以传承人为媒介继承和传递的。今天对于传承人的关注意义在于，一是彰显了传统文化、民族文化的积极意义；二是证明了民众才是文化的创造者，他们在文化发展中发挥过而且正在发挥着重要作用，应该向他们表示最崇高的敬意。

传承人为非物质文化遗产保护做出了巨大的贡献，如果把他们掌握的知识、才艺、技能，把他们所承担的项目比喻为私产的话，他们不仅享有对私产的占有、使用、获利的权力，同时还享有自由处置的权力。他们等于把这些权力的一部分拿出来，不再把它看作私产，而是看作传统文化在个人身上的体现。非遗传承人深知他所持有的非物质文化遗产项目蕴含着民族文化之根、民族精神之魂，他已经自愿放弃了随便处置这个财产的权力，而主动承担起这一文化事象守护神的责任。他会忠实地信守诺言，完成传承人的各项职责，不会为了一己私利随便改动它或者是抛弃它。他有责任保护它，也有责任发扬它，振兴它，传承它。

我们有1986位①国家级非物质文化遗产项目代表性传承人，正是这些传承人作为顶梁柱支撑起中华民族民间文化传统的大厦，同样也为人类文化的多样性发展提供滋养。比如说，我们的史诗格萨尔，熔铸了神话、传统民歌、格言俚语，雄浑壮丽，多姿多彩。因此，传承人十分重要，对于传承人的抢救性记录也十分重要。每一位传承人代表着一个门类或一个项目，并反映这类文化一个总的面貌及其历史演进。

《保护非物质文化遗产公约》中明确了"保护"的定义。"保护"是指确保非物质文化遗产生命力的各种措施，包括这种遗产各个方面的确认、立档、研究、保存、保护、宣传、弘扬、传承和振兴。首先是确认、立档和研究。我们要考察这个项目是不是真的能够符合非物质文化遗产标准性的要求，然后再建立档案。在建立档案的同时我们要对它有一个初步的分析。没有研究就没有保护，如果你对于这个项目不十分了解的话，你就会草率行事，你也不知道如何保护它，什么是它最根本的核心，什么是它的灵魂，怎么对待它，它的发展状况是怎么样的，所有这些都会在研究过程中呈现出来。其次是保存、保护和宣传，这要求我们对项目的现状加以维护，并通过宣传，使更多人注意到它。下一步就是推进它今后的发展，弘扬、传承和振兴。每一个环节都有特别丰富的内容，都有大量工作要做。抢救性的记录既是立档、保存，也是为研究和宣传积累资料打下基础，更进一步为弘扬和振兴提供助力。所以这项工作是一件必须做好的事情。

2015年底，联合国教科文组织保护非物质文化遗产政府间委员会第十届常会还通过了《保护非物质文化遗产伦理原则》，文件重申了"社区、群体和个人继续其各种实践、观念表述、表现形式、知识技能，以确保非物质文化存续力之权利应得到承认和尊重"。同时还强调，在国家之间以及有关社区、群体和个人之间的互动中，应尽量相互尊重并相互欣赏其非物质文化遗产。这是进行抢救性记录过程中必须贯彻的重要原则。在记录民间文学类代表性传承人有关信息的时候，我觉得应该特别强调这一点，民间文学以语言作为主要表现手段，所以忠实记录作品的时候，对传承人所使用的民族语言和方言要特别细心记录，应该请熟悉这方面语言的人来采录。比如说闽南地区，方言听不懂，翻译后又完全不是那么回事，所以录音、录像这些东西一定要原原本本，力求真实。

除了对传承人进行直接访谈，最好创造条件观察和记录传承人不同状态下的不同行为。比如说我们那些手工艺传承人，你如果叫他去表演那是一回事，你让他在作坊里实际操作又是另外一回事，那个环境，那时候的心情，那时候他工作的节奏，完全不一样。另外讲唱的作品有长有短，性质和特点各不相同，讲唱人的讲唱有温有火，风格也不一样，因此对作品的特点和传承人讲唱的特点应该有细致的观察和记录。

传承人所遵循的师承关系不一样，作品也不一样。有的时候，传承人除了从师傅那学到的基础性的东西以外，还有他自己的风格。每一个人的传承方法和表达方法都有他自己的特点。在口头传统里头我觉得可以分成这么三个类型，一个是持守型的，规规矩矩按照他怎么学来的就怎么唱，不越雷池。一个是创新型的，他学来之后不断加工不断再创造，变成了一个既有传统又有个性的表达。手工艺领域也是如此。另外再有一个就是集成型的，取各家之长，最后体现为自己独特的风格。所以在我们记录的时候要特别关注这样一些特点。

此外，要分析传承人的讲唱作品，传承人的身世、见闻，怎么反映在他讲唱的作品里，怎么反映在他自己创造的部分里。当我们说一个艺术品在传承人手中诞生的时候，我们老说那是带着温度、带着他自己的体温出现的。所谓温度包含着他对于历史的理解，包含他自己的情感，包含着他对于自己的技艺的那种深厚的热爱，所有这些都体现在这个作品里，所以我们就说这个东西是他精益求精的一种创造。

最后，在记录民俗类代表性传承人的时候要特别注意，应全面贯彻整体性的原则。因为民俗类的作品涵盖比较广泛，内容特别丰富，形式特别多样，过程也特别复杂，参与的人员很多，当我们记录一个传承人，他仅仅是这样一个非常重大场面中间的一个场景，或者叫作一个角色而已。要通过一个人，把整个场面显示出来，非常非常复杂，同时要兼顾其他人员所担任的角色和所发挥的作用。这一类项目的记录难度特别大，要特别注意细节，注意传承人的情感因素和价值判断，比方说信仰成分，还要关注时间、空间活动的背景、宗旨和目的，等等。总之，让我们来共同把传承人抢救性记录工程完成好，为我们这个民族，为我们的后代，为整个人类，做好这些事情。

谢谢。

听众：在传承人抢救性记录过程中，如何看待记录的真实性问题？

刘魁立：过去曾有过关于忠实记录问题的争论，我坚持一定要忠实，为什么？一个老太太在讲故事的时候，特别有声有色，眉飞色舞，讲得也特别细腻，这个时候她孙子过来了，要水喝，老太太应付了一句，"你上一边儿去，我这儿正忙着呢"，然后她就接着讲。但我们把她前后两段故事一对比，就发现她后面这一段，要比前面简练得多，因为她着急给孩子去取水，这说明什么问题？说明在我们的记录过程中，任何一个细节，都不会完全没有来由，完全没有影响。比如记录手艺，也有这样的情况。假定这个订单，是需要马上交的，你看他的做法；假如是要郑重收藏的，你再看他的做法。所以在记录的过程中，我们就需要有这样一种胸怀，不断地去理解传承人的心理，在他最丰满地表达自己的记忆和知识的时候，去把它记录下来。

听众：在民间文学的传承过程中，应当注意哪些环节？

刘魁立：我知道有一些故事家，现在有的也过世了，他们所接受的就是从先辈们那里传承下来的宝贵的财富，而且他们的表达，也比别人更加成熟。我想对这样一些人的记录，是很重要的。倒不是说我们每一个人都需要记录，在无数个讲故事的人当中，我们会碰到那么三个五个很了不起的故事家，这些故事家有的就是会讲故事，而且是把原来的那些老人们讲给他的故事，加以改造，再讲给别人。比如格萨尔传承人，有神授型的，过去有一位传承人，西藏的，叫玉梅，她小的时候和另外一个女孩一块放羊，在河边上，羊喝水、吃草，她就躺下来睡觉，要走的时候，同伴叫不醒她，就请村里的人把她抬回家去，迷糊了七天，始终不醒。等她醒来的时候，便说自己是格萨尔的传人，今后就会讲唱格萨尔了。另外还有一种叫作圆光型的，拿着镜子、白纸，就可以说唱成百上千个故事。这样的一些人，我们听他说他是怎么学来的，也许对于我们来说，仅仅是记录就够了。

非物质文化遗产
保护的时代机遇

国家级非物质文化遗产代表性传承人记录工作培训班

时间：2020年7月5日

地点：国家图书馆·综合楼

进入21世纪，中国乃至世界的非物质文化遗产保护工作进入一个新的时代。2001年，联合国教科文组织公布首批人类口头和非物质遗产代表作名录，中国申报的"昆曲"入选。2004年，我国成为第六个加入《保护非物质文化遗产公约》的国家。"非物质文化遗产"这一新鲜的术语，在短短数年时间里，在我国各地、各民族中成了一个热门词汇。大家越来越清楚地认识到，非物质文化遗产是一项与广大民众生活密切相关、具有重大意义的宝贵精神财富，是民族智慧的结晶，是民族文化的精华，也是民族精神的象征。尤其是近年来，我国的非物质文化遗产保护工作不仅日益深入人心，还使各族人民进一步提高了认识，自觉地、热心地投身于非物质文化遗产保护和传承工作。这是时代的赐予，也是非物质文化遗产的幸运。

今天，我们的非遗保护与传承不是悬在空中的虚无缥缈的概念，也不是写在纸上的文字或者会议中的号召和宣示，更不是仅仅体现为传承人活动的个体行为，而是落在实地、充满生机，通过无数鲜明多彩的活动体现出来的波澜壮阔的社会实践。

一、非遗保护与传承问题的提出

非遗保护与传承作为文化领域中的一项重要举措，其问题的提出及其备受关注有着深刻的历史文化背景。广义上说，文化是人类所创造的一切物质产品和精神产品的总和。那些被人类创造或改造过的、满足人类某种需求、表达某种意图的"物"，通常被称为物质文化。非物质文化是指人类创造的不以物质载体形式呈现的成果。人自出生，不单单靠物质存在于世，物质仅仅提供人作为生物体生存的基础性条件。更重要的是，人要靠非物质文化的习得和传承，才能不断成长，才能成其为人。从学说话、学走路，到懂得道理、丰富知识、掌握技艺，一天天、一年年都在和非物质文化打交道。对于社会群体来说，尤其如此。总的来说，有宝贵发达的非物质文化作为基础，才有丰富的物质文化及幸福和谐的社会生活环境。

然而，人们长期以来对文化的认识存在一定程度的偏差：常常特别关注文化的物质层面，而轻视物质中蕴含的智慧、技艺、情感、精神，以及整个非物质文化的重要意义和价值。另外，在以往对非物质文化的关注中，又特别重视精英文化和主流文化，对蕴藏在广大民众中间的最普遍、最常用、最基础的非物质文化反倒视而不见。这种对于文化的认知偏见，容易造成文化的民族性及其深厚历史底蕴的弱化，使文化日益趋同，缺乏应有的生命力和创造力。

再者，就整个国际社会的文化发展格局和走势而言，发展中国家和地区传统文化的优秀成果一直很少被纳入整个人类文化发展历程的主流。西方文化在世界文化格局中处于强势地位，这严重影响了发展中国家的文化发展走向。当前大多数发展中国家保护和发展本民族传统文化举步维艰，这影响了他们的国家形象和民族心理，使得其民族平等和民族自豪的心理基础变得越来越脆弱。

为了彰显和维护人类整体价值和长远利益，国际社会提出保护人类文化多样性的主张。因为继承各民族优秀文化传统、坚持文化发展多样性是人类创造力持续发展的必要条件。2005年，联合国教科文组织通过了《保护和促进文化表现形式多样性公约》，其中特别指出，"文化多样性是人类的一项基本特性"，"文化多样性创造了一个多姿多彩的世界，它使人类有了更多的选择，得以提高自己的能力，形成价值观，并因此成为各社区、各民族和各国可持续发展的一股主要推动力"。

21世纪，非遗保护与传承问题的提出可谓恰逢其时，这不仅对我国的文化建设具有重要意义，同时对世界各民族积极参与和推进人类文化发展进程，对提升整个人类文化的生命力和创造力，也具有划时代的意义。每个民族是否关注自己的传统文化，是否继承和弘扬自己优秀的民族文化传统，也是关乎人类文化如何发展的大事。我们越来越清楚地认识到，民族的立场和全人类的立场并不是截然对立的。以我个人的理解，联合国教科文组织关于非物质文化遗产保护的设计理念之一，就在于正确处理民族文化与人类文化的关系，在于确认特定民族文化的人类文化地位。

说到民族文化的人类意义，我们会联想到一个惨痛的历史教训：当一个民族把自己的文化吹嘘成为超过其他任何民族文化的"最优秀的文化"，因此要凌驾于其他民族文化之上，贬低甚至要取代和消灭其他民族的文化时，必将带来巨大的灾难。例如，两次世界大战中，有的民族把自己看成"优等民族"，把其他民族看成"劣等民族"，从而侵略别的国家，要杀害甚至灭绝其他民族。这些惨痛的记忆距今尚不足百年，我们应当铭记这些令人刻骨铭心的历史教训。

每个民族都会把自己优秀的传统文化当作鼓舞自己的精神力量，提高民族自信心和自豪感。但绝不应该以自己的文化为借口，贬低和否定其他民族的文化。非物质文化遗产不是也不应该是隔绝不同民族的文化壁垒，而是联系和沟通不同民族的纽带和桥梁，是不同民族加强交流与合作的广阔天地，是推动文化多样性、构建人类命运共同体的重要因素之一。

二、非遗指向的是我们的生活方式

在谈论非遗保护与传承问题之前，有必要再次定义"非物质文化遗产"这一概念，因为在某些场合中，人们对这一概念的理解和使用并不都是准确的。在我们的现实生活中，物质文化和非物质文化是彼此相依、密不可分的，正如一件产品及其制作技术、实施过程不可分开一样。但同时，它们又截然不同。顾名思义，非物质文化遗产保护的对象是和物质文化相对而言的非物质文化，因此，非物是我们认识何谓非遗，以及如何保护和传承非遗的重要切入点。

我们从物到非物的认识有一个逐渐发展的过程。1972年，联合国教科文组织通过《保护世界文化和自然遗产公约》，诸如长城、故宫等世界文化遗产，九寨沟、三江并流等世界自然遗产，以及泰山、黄山等世界文化和自然遗产等，均被纳入了世界遗产名录，它们都是有形的物质文化遗产。二十年后，联合国教科文组织启动世界记忆名录，比如"样式雷"建筑图档和《本草纲目》（1593年金陵版）便是该名录中的保护项目。"样式雷"建筑图档是雷氏家族制作的建筑图样、烫样、工程做法及相关文献，现在保存在国家图书馆、故宫博物院和国家博物馆。无论是"样式雷"也好，《本草纲目》也好，它们仍不是非物质文化遗产，而是非物质文化遗产的文献档案。直到2003年，联合国教科文组织通过《保护非物质文化遗产公约》，才有了专门保护非物的国际公约，比如凝聚在工匠身上的卯榫结构营造技艺，这是与人相关的智慧和技能。随着时间的推移，物质性的对象可能会损耗、衰败和消亡，非物质文化遗产却可以不断传承，借助代代相传的智慧和技艺无数次地创造出物质对象。

非物质文化遗产，有其定义和特定范围。根据《保护非物质文化遗产公约》：非物质文化遗产，指被各社区、群体，有时是个人，视为其文化遗产组成部分的各种社会实践、观念表述、表现形式、知识、技能以及相关的工具、实物、手工艺品和文化场所。这种非物质文化遗产世代相传，在各社区和群体适应周围环境以及与自然和历史的互动中，被不断地再创造，为这些社区和群体提供认同感和持续感，从而增强对文化多样性和人类创造力的尊重。就其范围来说，包括以下方面：

（一）口头传统和表现形式，包括作为非物质文化遗产媒介的语言；

（二）表演艺术；

（三）社会实践、仪式、节庆活动；

（四）有关自然界和宇宙的知识和实践；

（五）传统手工艺。

根据2011年颁布的《中华人民共和国非物质文化遗产法》，非物质文化遗产，是指各族人民世代相传并视为其文化遗产组成部分的各种传统文化表现形式，以及与传统文化表现形式相关的实物和场所。包括：

（一）传统口头文学以及作为其载体的语言；

（二）传统美术、书法、音乐、舞蹈、戏剧、曲艺和杂技；

（三）传统技艺、医药和历法；

（四）传统礼仪、节庆等民俗；

（五）传统体育和游艺；

（六）其他非物质文化遗产。

结合这两种文件所给出的定义和范围，我认为，理解非物质文化遗产的关键在于认识非遗保护与传承的对象不是有形的物，而是非物，它是群体所创造的智慧和经过历史锻造的技术，指向的是我们自己的生活方式，而这种生活方式是老祖宗留给我们的，是代际传承下来的。这意味着它从昨天而来，经由关注、守护和传续，会发展到明天。如果非遗仅仅意味着昨天的话，就失掉了它的意义，失掉了它作为遗产的价值。在这个意义上来说，随着我们的生活追求和社会发展的变化，非遗不可能是一成不变，而是在不断地适应着社会的变化，演绎着文化传统的历史进程。因此，非遗是一种动态的文化，不仅在今天是活态的，在未来也是具有生命力的，对今天和未来的民众生活，都发挥着积极的作用。

简单地说，非遗是历史传承的，是我们共同创造的，被今天的人们共同视为文化财富的那种生活方式。这种生活方式体现着我们的价值观，也承载着我们的幸福感、我们对生活的热爱，同时也丰富着我们的生活。

三、非遗的基本特征与保护方略

物质文化和非物质文化共同构成了我们的文化生活。但为了表述的方便，我们只有在与物质文化的比较中，才可以更清晰、更深刻地体会到非物质文化的本质特征。当然，这也是我们做好非遗保护与传承工作的重要前提。究竟非物质文化遗产和物质文化遗产相较而言有哪些特点呢？在我看来有以下三个特点。

（一）共享性：文化多样性对话

共享性是非物质文化遗产区别于物质文化遗产的一项基本特征。每一个具体的物质文化对象，都不是能够被不同主体所共享的，而非物质文化对象则是可以实现共享的。比如，父辈的某处住宅、某件古董给了哥哥，弟弟就不可能再拥有，但祖先留下的智慧、经验、习俗和手艺，却是可以共同领会、掌握、继承和享有的。

我这里所说的"共享"，不是指不同的人对同一文化对象能够共同感知、共同感受、共同欣赏、共同品味，等等；而是指不同的人，不同的社群、族群，能够同时持有、共同享用、共同传承同一个文化创造的成果。这种共享性不受时空的限制，同样是春节，中国、韩国、越南等可共享其文化过程和文化意涵，亦可开创具有族群或地域特色的春节文化。所以说，人类文化发展的历史是文化创造的历史，同时也是不同人群、社群、民族、国家文化共享的历史。文化共享的历史与人类文化发展的历史共短长。

　　非物质文化遗产的共享性的实现，必然要具备一定的条件。首先，其功能要适应共享者的需求；其次，共享者对这一文化遗产具有相应的价值评估；此外，还要具备适宜的社会历史条件。

　　非物质文化共享性实现的结果，对群体内部而言，会促进共同价值观的形成并增强群体的内聚力，形成一种我们大家特别重视的社会团结与社会和谐的氛围，同时也会成为这一群体共同身份的标志。对不同群体、不同民族而言，将有利于彼此借鉴以丰富和发展各自的文化内容，并增进彼此的共识，进而有利于和谐关系的建立。不同社群、族群之间的平等和互相尊重对文化共享是极为重要的。共享性不应，也不会导致文化的趋同。共享的目的不在于盲目追随他人，从而贬低、否定，甚或是抛弃自我，成为他种文化的俘虏；而在于广泛吸纳、借鉴其他民族所创造的人类文化的精华，以丰富和建设自己的民族文化，以增强每个民族文化的生命力和创造力，从而为整个人类的文化发展做出更巨大、更辉煌的贡献。

中国的非物质文化也推动着人类文明的繁荣和发展，并极大地提升了民族自豪感。比如，茶、丝绸在很早以前就传到欧洲。天然野生茶树的驯化、炮制的过程有多种制作方法，是非物质性的技艺。蚕的饲养，蚕丝的提取、缫丝、刺绣都是丝绸相关的非遗技艺。这些技艺，是中国人的创造，是中国人与世界交往的物产，是我们与其他文明交流对话的典范，是中华文明的象征，也是人类文化发展进步的象征。

同非遗共享性相关联的一个重要的基本概念是文化多样性。非遗共享性无疑会对文化多样性的充分实现提供强大助力。联合国教科文组织推动非遗保护的意义，恰恰在于借助这个文化措施为人类社会寻求一个超越物质独占、消弭由之造成的人与人、社会与社会之间的纷争，并能推进人类文化繁荣发展的有效途径。因此，针对非物质文化遗产的保护，不仅需要有民族的视角，还需要有人类的视角。用人类的视角来认识和保护各民族的非遗，将使我们的保护工作具有更广泛、更长久、更深刻的意义。

（二）活态性：保持非遗的基质本真性

非物质文化遗产的另一特性在于它的活态性。非遗是始终处于过程中的文化，它的生命活力体现在发展演进的过程中，如果它不能适应社会之需求，就会被历史所搁置、舍弃，但如果它没有像一时闪亮的流星那样陨灭于长空，成为历史尘埃的话，它就会在运动中获得长久的生命。非遗的活态性体现在传承过程中，它每一次的具体呈现，都是一次与众不同的文化演绎，都是它无限的生命链条中的一个环节。

我们可以以端午节为例，来演绎一个非物质文化事象生成、发展和变化的过程，社会是动态前进的，节日的含义亦是如此。

端午节从最初"避邪"的天人较量，到包含忠孝道德内涵观念的祭奠行为，以及不断附着的种种理念，无不反映了人们对自身、对他人、对自然环境的美好诉求。严格地说，端午节最早或许并不是一个人文性的节日，而是人类与自然对话的呈现。

农历的四月至六月是夏天，四月是孟夏，六月是季夏，五月正好是仲夏。在季节变化过程中，阳气发展到极致，阴气开始萌生。而阴阳交替的关节，可能会发生某些矛盾或是斗争。关于端午时节的这一点，《礼记·月令》有明确的记载："是月也，日长至，阴阳争，死生分。"那么，如何能够平顺地度过阳竭阴生的关口，智慧的先人们选定了一些相应的活动来应对。端午节时，人们要戴五彩线、挂艾蒿、喝雄黄酒、制五毒符、吃五毒菜，等等。人们进行这些活动，其良好愿望就是为了在阴气萌生之时，留住和发扬一切祥瑞，避免一切不好的事物出现。这便是端午节的最初生发渊源。从这个意义上来说，早期的端午节无疑是人们发现自然阴阳交替的时间，并借助各种活动来平顺度过这个时间节点，其目的和意义也可以解释为"避邪"或是"辟邪"。

随着社会的不断发展，人们要不断进行生活秩序的维护和重新建构。如何处理随之而来的诸多问题呢？比如，应该如何对待自己的民族？应该如何对待自己的国家？应该如何对待社会环境和自然环境？应该如何对待周边的人及自己？有意思的是，在人与社会不断契合的进程中，端午节随之被赋予了两个重要的道德观念——忠与孝。

提到这个忠的观念，便离不开先人屈原。作为战国末期楚国重要的政治家，屈原满怀才学与抱负，从建功被重用，到遭小人嫉恨，再到不得志被流放，最终自投汨罗结束生命。屈原的一生，他要忠于自己所处的一种制度或是环境，他所做的一切，不管是对制度的妥协还是抗争，都紧紧围绕一个"忠"字。于是，人们选择在端午这个阴阳交替、百害将生的时节，来祭奠屈原，反映的也是忠的道德观念。这个观念仿佛一种生命体，随动态的社会历程而不断涵养，不断丰富，在端午这个节日里也得到了极好的彰显。

另一个随时代衍生的重要道德观念就是孝。而这个观念，发端于曹娥的故事。曹娥是历史上有名的孝女，会稽上虞人。她的父亲曹盱是个巫祝，负责祭祀方面的工作，东汉汉安二年（143）五月五日，曹盱驾船在舜江中迎潮神伍君，不幸掉入江中，生死未卜，数日不见尸身。此时曹娥年仅十四岁，她昼夜沿江哭寻父亲。过了十七天，在五月二十二日这一天她也投了江。五日后，她的尸体抱着父亲的尸体浮出水面。这个故事在《后汉书·列女传》中有详细记载。且不论人们对故事本身作何评价，重要的是，循着这个动人的故事，我们发现了一个特别重要的被人们所关注的道德观念——孝。至此，端午这个节日，也发展成为一个宣扬孝道的节日。

当然还有些其他的内容和理念，也附会在这个节日里，并让这个节日变得丰满，充满无穷的韵味。但关键的是，对于我们来说，节日不再是一个单纯的节日，它已经成为一种关系重建的载体。通过这个载体，我们内心的美好理念得以加固和完善，人际关系以及人与整个社会的关系得以重新梳理和构建。因此，在传承中变异，不断融入当代社会，正是非遗在民众生活中活态性的具体表征，这也是某些特定的非物质文化能够绵延、流传、发展至今，乃至于进一步走向未来的根本动力所在。

说到非遗保护，有些人喜欢使用"原生态"一词。这一术语在一些场合的应用，或许有它的合理性。但是，在涉及非遗保护议题时，使用这一词汇未必是恰当的，而且可能造成某种混乱。关于原生态，可能有三种理解：（一）原始状态；（二）根据记忆重新建构的某个时段的状态；（三）现实存在的自然状态。圈定上述三种中任何一种时段和状态对非遗加以保护都是不正确的，也很难取得良好效果。"原生态"这个术语，常常会使我们在意念中不自觉地消解事物的发展过程，而去追寻事物在某个时间节点上的表现状态。另外，从字面上看，它会造成一种印象：这里着重说的是对象的表现形式，而没有特别指出它的核心本质。

对待活态的非物质文化，我个人认为，基质本真性是一个非常重要的保护概念。与通常使用的术语"原生态""真实性"不同，基质本真性更侧重历时性，因为它是一个关心事象自身在演进中的同一性的范畴。有时间维度才有先后时间里是否保持自身同一的问题。我这里所说的基质本真性，是指一事物在演进过程中仍然是它自身的那种专有属性，是衡量一种事物不是他种事物或者没有蜕变、转化为他种事物的一种规定性尺度。对于非遗事象来说，基质本真性是它的真髓，是它的灵魂。灵魂在，则事象在；灵魂变了，则事象也随之变了；灵魂的消亡意味着事象生命的结束。

文化与特定人群相联系，具有表征这个人群、锻造和展现这个人群的精神特质的作用；反过来说，文化又代表这个人群，成为这个人群的身份标志。人的变化，社群的变化，时代的变化带动着文化的变化。文化会变化，正是在这一意义上才有文化保护的问题。基质本真性的概念并不无视尤其并不反对文化的变化和演进，而是在尊重和遵循文化自身发展的规律、承认社群自身进行文化调适的正当性的前提下，保持特定文化事象的基本的同一性。

以我个人的理解，非遗保护问题或许可以简单地表述为保持非遗的基质本真性的问题。保护，是通过自觉的努力让非遗项目在理想的状态下尽可能保持其原有的属性。最起码的要求是，依照其自身发展的规律，使该项目避免丧失它最基本的属性。因为丧失了最基本的属性，该项目就不再是它自身了。

文化的变化是不可避免的，只要变化不失其基质本真性，只要文化事象的基本性质、结构和功能，以及该事象对人的价值关系不发生本质改变，就依旧还是我们保护的那个东西。文化的变化和演进，有它自身的规律。在这规律当中，自然也包含着外部影响的因素。但任何人为的、违背规律的"催化"，都将损害文化事象的正常生命进程。关注事物的基质本真性正是将保护和发展这样两个似乎对立但完全统一的概念，结合在一起，达成辩证的统一。

（三）以人为载体：公产意识与契约精神

非物质文化遗产是以人为载体的文化遗产。物质文化成果一旦被人创造出来，它便脱离开人而独立存在；而非物质文化成果则以人为载体、为主体，以人的观念、人的知识、人的技能、人的行为作为其表现形态。比如说我们过年时的扭秧歌、踩高跷、耍龙灯、耍狮子等文化娱乐活动，它们既要通过人的身体动作呈现出来，同时也是为了人的欣赏而存在和流传；又比如景泰蓝制作技艺，这种技能知识是通过人来实践、传承和表现出来的，它可以制造出无数的物，同时这些物又是要人来享用才能实现其特定的价值。因此，谈论非遗保护时必然要涉及人，没有人，就没有我们谈论的非物质文化，非遗始终是一种与人同在的遗产类型。可以说，以人为本，而不是以物为中心，是非遗保护与传承工作的关键之所在。

无论是在国际还是国内，人们都越来越清楚地意识到，非遗保护的核心在于人，尤其是传承人群体。非遗的持久赓续、面向未来，主要依赖于我们对传承人群体的关爱、保护和代代相传。联合国教科文组织在《建立"活的人类财富"国家体系指南》中指出：实现非物质文化遗产可持续性保护的最有效的方法之一就是保证非物质文化遗产的传承人进一步发扬这些知识和技能，并将这些知识和技能传给下一代。

尽管生产工艺品的技术乃至烹调技艺都可以写下来，但是创造行为实际上是没有物质形式的，表演与创造行为是无形的，其技巧、技艺仅仅存在于从事它们的人身上。承载着非物质文化遗产技艺、技术或知识的传承人是非遗延续的决定性因素。

联合国教科文组织保护非遗政府间委员会在2015年12月第十届会议上通过《保护非物质文化遗产伦理原则》，确认了相关社区、群体和个人在保护非物质文化遗产中的地位，重申了"尊重其意愿，使其事先、持续知情并同意"原则，旨在尊重利益相关方，确保各方全面、公正地参与一切有关非物质文化遗产保护过程、计划和活动的权利，同时指出"非物质文化遗产的动态性和活态性始终受到尊重"。

此外，《中华人民共和国非物质文化遗产法》也专门针对认定代表性传承人（包括认定条件、认定程序等）、对代表性传承人的支持措施，以及代表性传承人应当履行的义务等内容做出了具体规定。

民众是文化的创造者、享有者，也是最直接的保护者、传承者。不过，在非遗与人的关系论述中，我们还要注意界分两种不同性质的传承人：有些门类的非物质文化遗产表现形式，比如传统习俗、节庆活动等，是全民参与、全民传承的，是大家共同的生活方式，人人都是传承人。但是有些门类的非遗项目，其传承主体并非社会全体成员，比如传统手工艺的技能是掌握在一部分有专业知识技能的传承人手里的，全社会所有成员通过他们非遗活动的物化的成品，来欣赏和享用这份非物质文化遗产。虽然我们并不直接参与它的制作过程，但是我们仍然支持这种活动的延续。所以，全部的社会成员，我们每一个人，都在这个保护和传承大军当中发挥着这样那样的作用，扮演着这样那样的角色。

进入21世纪，作为传承主体的传承人已成为非遗保护和传承的核心问题。非物质文化遗产是一种历史传承、群体享有和关注的共享文化，它不是今天的发明，更不是个人的创造。因此，我们的传承人和实践者群体在面对各类非物质文化遗产时必须树立公产意识，具备公有意识，也就是说，非遗是一种公共文化财产。这种公产意识是建立在非遗本身特性的基础上的，所以任何将其视为私有的观念，以及企图独占的意识都是不可取的。

从公产意识的角度来看，我们所说的代表性传承人实际上是延续文化传统的志愿者，他们的传承工作是建立在对文化的敬畏、真爱、情怀和责任基础上的。有时，我们对工匠精神的认识常常局限在技术上，而工匠精神不可或缺的本质性内在因素，正是对传统文化传承的恭敬和坚守，孜孜以求，不断追求一个又一个的理想境界，把自己的全部知识、心力和情感都编织在所展现的技术中，创造一个自己可心又实惠于社会的理想境界。

现在，我们的各级政府都在非遗保护的工作框架下遴选、认定、批准和公布代表性传承人，都在为传承人尽可能提供一切可能的便利条件。提出申请并被认定为代表性传承人的人，类似于向公众、向历史签订了保护公共财产的契约，其核心和基础是代表性传承人的历史担当和责任感，他们要完成这一许诺。他们的荣誉感是作为志愿者而具有的荣耀感。签订契约，不代表他们有不同于其他传承者的权利，而在于有责任比任何人做得更用心、更花心力，做出更多贡献。因此，保护具有公产性质的非物质文化，作为志愿者的传承人群体要树立和大力倡导契约精神。

当今时代，"功利"常常会压倒"意义"，这往往使我们在功利面前，短视地把为文化发展提供助力的传统文化作为追逐功利的手段。在这时候，尤其要特别关注保护非物质文化遗产，特别强调它的基质本真性，大力宣扬公产意识和契约精神。在构建人类命运共同体的今天，应该充分发挥非物质文化遗产的共享性特点，充分发挥民族文化的全人类意义，使之为人类文化的多样性发展提供良好基础，使人类社会变得更祥和、更幸福、更多姿多彩。

四、中国非遗保护的当代实践

进入 21 世纪，随着非遗保护和传承问题的提出，从物到非物的文化遗产观念变迁，以及我们对非遗基本特性和保护方略认知的不断深化，中国当前的非遗保护实践正在发生着巨大的变化，甚至可以说，在某种程度上实现了质的飞跃。

与"民俗""民间文化"等概念相比，"非物质文化遗产"是一个新鲜概念，它使我们对传统的民族民间文化有了更新的价值判断，我们日常的生活方式，我们讲故事、唱民歌、过年过节，这些普通的日常生活都获得了文化意涵，具有了重要的文化地位。整个社会对非遗的尊重意识、保护意识和传承意识有了很大的提高，"保护"和"传承"这两个词从来没有像今天这样被强调过，非遗保护唤醒了民众对于中华民族优秀传统文化的尊重、热爱和自豪。而中国通过加入《保护非物质文化遗产公约》和持续性地推动非遗申报和保护工作，也提升了我国在国际上的文化地位，我国与世界许多国家一道正在成为推动人类文化多样性、共建人类命运共同体的积极力量。

近二十年来，作为传承主体的传承人群体问题已成为非遗保护和传承的核心问题。历朝历代对民间的手艺人不曾有过特别的尊重，讲故事的人、演唱史诗的人大都没有留下名字，他们不被历史所关注。过去我们称赞那些手艺人，称赞那些非遗传承者的智慧和技艺，只是赞叹其成果的美妙绝伦，但不知他们究竟是谁。过去，我们通常珍惜的是物，并不特别关注传承者和他的智慧和手艺。所以，今天"传承人"概念的提出和推广，是找到了保护和传承的根。在这一保护过程中，传承人有了荣誉感和自豪感，建立起了文化自信，甚至有了责任担当。作为传承主体，他们的观念和情感也发生了非常大的变化，这些变化让他们的技艺和智慧重新焕发出旺盛的生命力和创造力。

从前自在发展着的非物质文化遗产现在被自为地加以保护和重视，这是我们这个时代一个特别重要的变化，它正在开创着一个全新的非遗保护传承局面，我们记录非遗、传承非遗和传播非遗的手段都出现了与过去大不相同的变化。

首先，数字化技术，尤其是录音、录像正在使非遗的记录变得更加真实和完整。在过去的大部分时间内，我们的非遗都是"自生自灭"，通过口耳相传等方式在民间延续和流传，而很少有人关注和记录这些来自民众的草根文化和生活方式。20世纪下半叶末，我们主要是靠语言和文字来解说作为过程性文化的非遗。现在，随着影音记录手段日益平民化和普及，一些以往难以客观描绘和忠实记录的场面可以得到更好的呈现。但是我们应该认识到，数字化技术也不是万能的，其实有很多非遗必须通过身体实践、言传身教才能真正领悟。比如，普洱茶制作技艺传承人李兴昌采茶的时候，我们只看见他的手在采茶，可能看不清楚他手上细微的动作，并不知道他是怎么把茶树上那一针一叶掰下来的；在蒸茶的时候，他把手往罐子上一搭，就知道温度是否合适。所以，即使是数字化，也还不可能完全把知识传达出来，但是与过去相比已经有了非常大的提高，我们可以用语言等多种信息技术加以补充。

其次，在非遗的传承方面，我们传统的师带徒制度还在延续。与此同时，一些新兴的传承手段和方式也不断涌现，比如说非遗进课堂，非遗进校园等，学校通过开展相关的非遗教育课程将这些民众知识纳入正规教育体系，这样的话，一些出类拔萃的学生就可能发展成为我们下一代杰出的非遗传承人。从娃娃抓起的非遗教育正在拓宽非遗传承的路径，与过去相比，我们当前的非遗传承是"两条腿走路"：传统的师徒制和正规学校教育并行不悖，这样的传承路径也使非遗的多样性和创造性在年轻的新人身上得以更好地发挥。

再次，非遗的横向传播与其纵向传承一样重要。在这方面，我们取得了许多比较重要的突破。非遗的宣传展示活动对推动非遗发展、助力乡村振兴，能够发挥且已经发挥了特别巨大的作用。非遗的传承与传播，是非遗保护和发展的两个翅膀，没有有力的传播，就不可能有持久的传承。现在的非遗公开课、非遗旅游、非遗电商购物节、非遗扶贫活动优秀单位和优秀个人的评选、光明网非遗保护年度人员的评选，所有这些活动都极大地拓宽了非遗的传播渠道和方式，提升了整个社会对非遗保护的关注、热爱和积极参与，提高了非遗传承人的自信心、自豪感和创造力，同时也为扩大非遗传承人队伍，提供了有利的条件。

当前，人们越来越清楚地意识到非遗的传播不仅仅是相关机构和传播单位的事，更是整个社会和我们每个人的事。非遗的传播不是单纯的信息翻制、转换和广泛传布，它还能够唤起和动员社会力量；提升群体对非遗的价值评估和深厚情感；鼓舞传承人群、激励传承，提升社会对他们的尊重；为未来广大的传承人群提供后备力量；促进非遗交流、借鉴，从而推动非遗的发展和推广，等等。因此，非遗的传播在很大程度上更新着人们认识非遗、尊重非遗的观念。

在非遗保护的当代实践中，人们看待物与非物的观念也在经历着一个革新的过程。没有非物质技艺的展现，就不可能有这些物化的成品，就不可能享用这些物化的成品，也就不可能有我们现在的生活方式。这些物化的成品随时代变迁而有所演进，其非遗内涵自然也会在历史发展的过程中，顺应时代的现实要求，经过一路的创造和再创造，不断淘洗、琢磨、演进、发展而走到今天。传承是在认真保护它的基质本真性的原则基础上进行的，不是墨守成规、一成不变，永远不越雷池一步。如果不回应现实生活的需求，这份遗产就会僵死，不是我们抛弃它，而是它会抛弃我们。

但是我们在非遗保护实践中也不能完全忽视物之于非物传承和发展的重要意义。在某种意义上，是整个社会共同推动了传承人群体的手艺的传承和保护，如果大家都不关心"物"，非遗传承人的实践活动就变得没有意义；因为没有市场，这些非遗项目的存在也就没意义了。所以，从这个角度来说，也是通过传承人创造的"物"保护和传承了相关非遗项目。

近年来，我们的非遗保护工作又有了一个新的进展——非遗＋扶贫。通过非遗扶贫，不仅使非遗的传承活动和传承群体日益扩大，还极大地拓展了非遗的社会功能。在脱贫攻坚的过程中，在中华大地的各个角落，我们创造了大量的有效经验。其中最重要的一点，就是培育扶贫对象本身的造血机能，只有这样才能使贫困地区彻底脱贫、永久脱贫，走上致富的康庄之路。过去有很多说到手艺与贫富关系的民间谚语："无艺如贫。""手艺是活宝，走遍天下饿不倒。""学艺终身福，是艺不亏人。"非遗扶贫，就是要让贫困人口掌握非遗的技艺，以艺致富，这才是彻底脱贫的长久之计。而这些非遗的技艺，正是他们以往就比较了解的、非常熟悉的，或者是曾经从事过的谋生手艺。所以，他们做起来相对比较容易，能够很快见效。我就知道有很多非常成功的实例，比如"非遗的能人＋农户＋合作社"的形式，在很多地方的实践中都取得了很好的成绩，有效地改变了一些农村的面貌。

在我看来，非遗扶贫在一定时间内、在某些地方不仅意义重大，而且它的影响是多方面的。非遗扶贫改善了贫困家庭的生活水平，更重要的是提升了他们生活的信心和致富的信心。非遗保护和传承现在已经构成了贫困人口实现脱贫目标的一个重要途径。这些贫困地区往往还保留着传统的生产和生活方式，也就是说，非遗在这里还有着天然的深厚基础，很多人在生活实践或记忆中还保留着许多传统手工艺的智慧和技能。我曾经和边远山区的汉族，以及海南岛黎族、黔东南侗族、云南傣族等同胞交谈过，他们不约而同地说以前过穷日子的时候，生活没指望，没信心，也没有欢乐，情绪沮丧，看什么都不顺眼。可是，自从拾起了编织、刺绣、陶艺等非遗的手艺，不仅生活改善了，家里也有了笑声。这些原来就会的手艺改变了他们的生活面貌，也增强了他们追求美好生活的信心。通过非遗扶贫，这些地区的非遗得到了保护，得以传承，同时，他们的致富也有了盼头。

除此之外，非遗越来越积极地在社会生活的各个领域，发掘自身潜力，发挥应有作用，在保护自然环境、推进乡村建设、繁荣市场经济、构建社会安定和谐、丰富人民精神生活、提高人民健康水平、提升生活幸福感等诸多方面，都发挥了一定的积极作用，取得了一定的成效。从非遗自身的角度来说，保护和传承获得了一个又一个新的领地，非遗的社会评价得以提升，传承人队伍得以扩大，保护和传承的意识得以普遍加强，非遗在广大民众的现实生活中的地位也有所提高。非遗的生命力和创造力，也因其在当代社会的旺盛活力而得到了延续和强化。

作为历史文化积淀的非遗正活跃在我们今天现实的生产方式和生活方式之中。我们珍视、尊重和保护这份宝贵的遗产，感恩它给我们今天的生活带来的滋养，也让我们越来越深刻地认识到非遗保护与传承的意义是深远的、是长久的！非遗是我们中华民族智慧的象征，也是民族的自豪，是我们自己的身份代表，也是我们幸福生活的背景和依据。我愿意在非遗保护工作中和大家共勉共进。

非物质文化遗产
——加强系统性保护　促进可持续发展

国图讲坛·2023非遗讲座月

时间：2023年6月11日

地点：国家图书馆·学津堂

　　非常高兴能够和大家在这样一个特殊的日子相见，共同讨论一个我们须臾离不开的重要题目。这个题目我们在过去一段时间里面，应该算是比较熟悉了。但是今天情况又有所不同，这二十年，在非物质文化遗产保护和传承方面，我们国家做出来的成绩，应该比以往任何时候做得都多，做得都好。没有哪一个时代，哪一个民族，像我们现在这样对非物质文化遗产的保护工作那么认真、那么关注，且做起来那么有兴趣，那么有办法。也没有哪一个时代、哪一个民族，像我们现在这样，把非物质文化遗产的保护工作，和我们整个文化建设放在一起，与我们自己生活幸福感的提高、人民美好情绪的提升结合得那么紧。我觉得在这一方面，我们各个部门的工作人员，包括许多机构、媒体，或者是有关人士，他们做了那么多工作，他们的努力与全国人民一道，把非遗这件事情做得有声有色。

一、联合国教科文组织框架下的文化遗产保护

今年是联合国教科文组织《保护非物质文化遗产公约》通过二十周年。这二十年走过的路程，应该说没有哪一个国家像我们这样用心。现在一说到非遗，说到非物质文化遗产保护和传承，我们都将其视为心里面最光荣、最热心的事情。可是非物质文化遗产能够成为整个人类关注的一个对象，这二十年来并不容易。

1972年，联合国教科文组织通过了《保护世界文化和自然遗产公约》。公约主要规定了文化遗产和自然遗产的定义、文化和自然遗产的国家保护和国际保护措施等条款，和非物质文化遗产并没有直接关系。

1976年，世界遗产委员会建立世界遗产名录，世界遗产包括：世界文化遗产，我们中国的长城和故宫都属此类。世界自然遗产，像九寨沟、三江并流等就是整个自然留给我们的非常宝贵的遗产。世界文化与自然双重遗产，像泰

山、黄山这样的地方，它们不仅是自然对象，同时也是我们的文化建构。

1992 年，联合国教科文组织又启动了世界记忆文献遗产项目，旨在通过国际合作与使用最佳技术手段抢救世界范围内正在逐渐老化、损毁，消失的文献记录，从而使人类的记忆更加完整。中国传统音乐录音档案、纳西东巴古籍文献、"样式雷"建筑图档、《本草纲目》等都已入列世界记忆名录。

世界记忆名录里面，记录了一些非物质文化遗产。比如说"样式雷"建筑图档，它不是记录建筑操作本身，并不能很好地呈现我们的榫卯结构，以及建筑的方式、方法和过程。但它保存了中国建筑史上的大量资料。与此同时，还有一些学者提了建议书，使得我们注意到应该保护和注意的，不仅仅是物质对象，也应注意物质之所以成为物质的建构的过程、凝结的智慧和独特的技能。怎么能把这些智慧和技能很好地保存下来，这才是推动文化发展的一个非常重要的手段。

所以，从 1972 年起，到《保护非物质文化遗产公约》的签订，经过了三十年的奋斗、摸索。这是一次思想方法的革命。当我们看到一个茶杯的时候，我们看到的不再仅仅是具体的茶杯，还应想到这个茶杯的制作过程，包括它当时怎么选泥，怎么拉坯，怎么上釉，然后怎么在炉子里烧的全部过程。过去我们接触的往往只是这个物而已，但是当我们把非物质文化作为一种认识世界方法的时候，就能够把事物内在的、非物质性的内核从观念上解构出来。不仅是从观念上解构出来，我们更要关注它的过程、方法。就像我们看一个人，要看到他的心，看到他的道德，看到他的为人，看到他的举手投足所表现出来的内在性格，他的灵魂。我们是没有办法拆开一个人，把灵魂单拿出来的。但是每个人都有灵魂，每个人都有心，而这个心是他行为的一种内在驱动，这就是我们通常说的非物质性的对象。

《保护非物质文化遗产公约》中明确提出，由缔约国成员选举的保护非物质文化遗产委员会提名、编辑更新人类非物质文化遗产代表作名录、急需保护的非物质文化遗产名录和优秀实践名册。此前宣布为人类口头非物质遗产代表作的遗产纳入人类非物质文化遗产代表作名录。

众所周知，比如昆曲、古琴艺术、中医针灸，还有二十四节气等，都已入选人类非物质文化遗产代表作名录。说到二十四节气，它不是看得见摸得着的，但是又非常重要。有的人认为，二十四节气不过就是日历上、月份牌上所标识的立春、立夏、立秋、立冬、冬至、夏至、春分、秋分等，不过是一个记录而已，实际上不是这样的。二十四节气是我们每一个人生命的年轮。我们站在地球上，同月球一起围着太阳转，而围着太阳转一周恰好就是二十四节气的一个历程。所以我们是在这样一个二十四节气的历程中间，记录着我们自己生命的年轮。不仅仅是我，也不仅是你，而是整个人类，是整个地球。所以也可以说二十四节气是地球的年轮，我们就在二十四节气的轨道上，延续着生命。我九十岁了，那正好走了九十圈，我已经经历了九十个二十四节气。这样一种非常详尽的制度，让我们对于人和自然的关系有了更加深入、更加细致的认识，是我们中国人对于世界的一种贡献。

截至2022年12月，中国有七项遗产入选急需保护的非物质文化遗产名录，羌年是其中之一。大家都知道我们有一个少数民族叫羌族，2008年汶川地震摧毁了许多羌族村庄，如果我们不把它很好地保护起来，这个民族的文化将会消失。其民族文化体现最集中的地方就是羌年。这个就是急需保护的非物质文化遗产。中国的木活字印刷术也是这样，掌握这门技术的工匠越来越少，所以它也被列入急需保护的范畴里。

此外，还有优秀实践名册。这个名册，实际上是对非物质文化遗产项目保护者的表彰。我们的福建木偶戏后继人才培养计划，便列入其中。福建木偶戏是我国木偶表演艺术的杰出代表，但随着生产生活方式的变化，木偶戏的演出变得越来越少。在后继乏人的情况下，从2006年开始，相关社区、群体和代表性传承人围绕培养传承人的目标，制定了人才培养计划。那么这样的计划，在福建做得非常好，所以就列入了优秀实践名册。

二、《中国非物质文化遗产法》的要点

《中国非物质文化遗产法》于2011年通过，其中特别强调了非物质文化遗产保护的三个原则：真实性、整体性、传承性。并强调在非物质文化遗产保护的过程中，需要做到"三个有利于"，要有利于增强中华民族的文化认同，要有利于维护国家的统一和民族团结，要有利于促进社会和谐可持续发展。

国务院先后在2006年、2008年、2011年、2014年和2021年，公布了五批国家级项目名录，《中国非物质文化遗产法》实施后，由国家级非物质文化遗产名录改称为国

家级非物质文化遗产代表性项目名录，一共有1557个国家级项目。后来，又设立了国家级非物质文化遗产代表性项目代表性传承人。过去联合国教科文组织已经提出了建立"活的人类财富"国家体系指南，指出要实现非物质文化遗产可持续性保护最有效的方法之一，就是保证非物质文化遗产的传承人能够进一步发扬这些知识和技能，并将项目的知识和技能传给下一代。尽管生产工艺品的技巧乃至于烹饪技艺，都可以写下来，但是创造行为实际上是没有物质形式的，表演和创造行为是无形的，是非物质性的。它的技巧、技艺，仅仅存在于从事它的人身上。那么，承载着非物质文化遗产的技艺、技术和知识的传承人，就是非物质文化遗产延续的决定性的因素。

因此，《中国非物质文化遗产法》提出了传承人的评审、认定问题，并指出传承人须具备的三个条件，一是熟练掌握其所传承的非物质文化遗产。比如说做瓷器，传承人需熟练地掌握非物质文化遗产的过程、技艺及其相关知识。二是在特定的领域内，要有代表性，并在一定的区域内具有很大的影响力。三是积极开展传承活动。另外认定的程序也非常复杂，需要通过申报、审核，然后评审、公示，最后审批这样一系列的程序。从事非物质文化遗产的资料搜集和研究的这些人，或者是丧失了传承能力的这些人，将不再进入非物质文化遗产代表性传承人名录。

目前国家文化主管部门先后命名了五批国家级非物质文化遗产代表性项目代表性传承人，共计3068人。各个省区公布了16000多个省级代表性传承人，县、市级就更多了，形成了以各级非物质文化遗产代表性传承人为骨干的、批次合理的非物质文化遗产队伍。这个队伍是这样强有力，在我们整个社会中间发挥着非常重要的作用。另外国家在经济、社会舆论、媒体、培训和技术指导等各个方面给予了代表性传承人很大的支持，这些活动都做得很扎实，不仅让他们有学习、实践和参展的机会，还有交流和培训的机会。

《中国非物质文化遗产法》里还有一件事情和我们大家都有关，那就是传播。我们常把传承和传播放在一起说，实际上这两个是性质不同的。传承是直接面对着非物质文化遗产，而传播则是通过媒介想办法向更多的人展示，把非物质文化遗产的各种信息告诉大家，让大家通过这些信息，更加尊重和关注非物质文化遗产，支持这种传承。这就像一只鸟儿，只有一只翅膀是飞不起来的，也是飞不远的，只有把传承和传播同时做好，这样才能够飞得高、飞得远。过去国家图书馆在传播方面，做了非常多的工作，这二十年里，做了近百场讲座、培训等宣传活动。更不要说通过图书，抵达更广大的读者。这样一个工作点就有这么多的成绩，更不要说全国媒体所做的非物质文化遗产相关工作了。

过去在非物质文化遗产保护方面，针对不同时期和不同的对象，提出来非常多的保护措施和方针。比如说抢救性保护，对于那些即将消亡、有危机的项目给予支持和保护。还有整体性保护，再有在比较长的一段时间里，强调生产性保护，希望在生产的过程中间进行保护。有一段时间又提出了一个口号叫"见人、见物、见生活"，这主要是针对生产性保护的对象来说的，比如说手工艺、医药制作，在生产的过程中间，就提出来要关注传承人，要关注产品。新时代我们正在做数字化保护，这是一件非常重要的事情。大家都知道，通过将非物质文化遗产数字化，能够使其得到长期保存。

三、非物质文化遗产的特征

说到非物质文化和物质文化的区别，主要有三个，一是非物质文化可以共享，二是它是流动的、不断变化的，三是由人作为它的主体。人才是非物质文化遗产的所有者和载体，是非物质文化遗产的核心所在，没有人就没有非物质文化遗产。所以我们需要特别关注传承人。

在历史上所有的文化产品，无论是物质文化产品，还是非物质文化产品，都是由人创造出来的。比如南京明城墙上，有一块砖上刻着："招甲席俊翁甲首方朝张/窑匠卢立/造砖夫广福寺。"便详细记录了造砖的人。这种制度源自春秋时期。《吕氏春秋》中有："物勒工名，以考其诚。""物勒工名"就是指器物的制造者要把自己的名字刻在上面。"以考其诚"就是看你做得认真不认真，履行没履行职责，偷懒没偷懒。"功有不当，必行其罪，以穷其情。"意思是要考查到底为什么做得不好，要处罚，要问责。与我们今天非物质文化遗产代表性传承人名录完全不一样，我们现在是表彰他们的功绩，让他们能够继续做好保护和传承工作。

今天，我们说到传承人的时候，强调传承人的意义、价值，没有问题。但是，仅仅谈传承人是不够的。有了传承人就有了非物质文化遗产吗？非物质文化遗产的保护和传承问题就解决了吗？没有。非物质文化遗产是传承人和受众之间的对话，是相互作用、彼此呼应才能完成的事情。

讲故事要有人听，戏剧表演要有人看，通过传承人的智慧和技能产生的传统工艺品，也需要有人使用、有人欣赏。如果没有人欣赏，没有人使用，非物质文化遗产的过程是完成不了的。

因此，当我们在说到非物质文化遗产主体的时候，不仅要说到传承人，也要谈到受众。

非物质文化遗产不只是手艺的问题、技能的问题，它还有一个非常重要的情感内涵。大家想想看，到了秋天、冬天我们要穿毛衣，虽然商店里那么多样式，但是如果是您的爱人或者母亲手织了一件毛衣，您穿在身上和买的那件感觉是一样的吗？也许手织的并没有那么漂亮，但感受是完全不一样的。工业品没有情感，我们之所以买那些非物质文化遗产作品，因为它是独一无二的。你拿着它的时候，感受到的是这个物的本身，是造物的一份情感。

我认识一位师傅，是做瓷器的。在"非遗进校园"的课堂上他给学生们讲完怎么拉坯，孩子们就开始认真地做。做完了之后他就给烧，在三八妇女节的时候请孩子们把自己的作品献给妈妈。其中一个孩子做了一个茶杯，未必好看，妈妈却落了泪。孩子在做这个东西的时候是用心做的，妈妈接受这个礼品的时候，是用心来接受的。有时候我们说匠心，只讲匠不讲心是不行的。非物质文化遗产传达的就是那个心，那个情感。

和大家这样分享，如果有不对的地方，希望大家能批评，谢谢各位。

辑二

中国节日与岁时节令

二十四节气和中国传统节日

国图讲坛·2021非遗讲座月

时间：2021年6月5日

地点：国家图书馆·学津堂

大家好！今天是芒种，过去谚语里有这样一句话，叫"过了芒种，不能强种"。也就是说，从现在开始，在黄河流域这一带，播种的事情已经基本处理完了，接下来需要做好田间管理。农作物的秧苗将会苗壮成长，欣欣向荣。在这个时候和大家谈二十四节气，当然就有一种欣欣向荣的气氛。

一、时间与二十四节气

说到二十四节气，我们要先讲一讲时间。大家抬起手来看看手表就知道现在是几点。但时间究竟是什么？就不大容易说清楚了。它是一个说不清楚的对象，与桌子、椅子、茶杯、话筒不同，它看不见也摸不着，但时间又时时存在着。哲学家把它称作是物质运动的一种形式，有了物质的运动，才有时间。人有生命，而生命的长短是用时间来衡量的。为了创造一个能相互对话、彼此理解的局面，人们得想办法取得共同语言，于是需要找一个彼此认同的关于时间的理念和参照物。比如到商店买布，要想准确衡量布的长度，我们就需要找一把尺子。这把尺子是世界各国、各民族共同约定的。

那么，用什么作为时间的参照物呢？时间的参照物需要具备哪些条件？第一个条件就是大家都能看见它，都能认知它。只是一个人看得见摸得着的东西，没有办法成为大家的共识，成为共有的参照物。第二个条件，它必须是恒久不变的。假定一把尺子今天是这样的，明天是那样的，那这把尺子就不管用了。第三个条件，它应该有首有尾。用无限的长度去量事物，是没法量的。

人们据此寻找这个参照物，首先发现了太阳。我们每天都能看得见太阳，它每天从东方升起，西方落下。春天如此，冬天也是如此。因此我们就有了衡量时间的第一把尺子，叫作日。大家不要小看这把尺子，所有的文明发祥，或早或晚，所找到的关于时间的第一个参照物就是日。在所有语言里，这一个长度都叫作日。现在我们常常说天，过去用日来表示。三天没有见面就是三日没有见面，也就是说，太阳已经围着我们转了三圈，我们已经看见太阳三次，但在这段时间里，我们彼此没有见面。所有的民族都是这样使用"日"这个词，虽然语言不同，但是日的含义是相同的。

后来人们找到了另外一把更长一点的尺子来衡量时间，这把尺子叫月。一个月大约就是由月缺到月圆再到月缺，由朔日到晦日这样一个时间跨度。我们发现，一个月大体上相当于三十个太阳循环出现的时间长度。太阳出现三十次，月亮才能够有一次这样一个圆满的循环。于是，我们就说一月有三十日。

在找到日和月这样两个衡量时间跨度的尺子之后，还需要更长一点的时间单位。于是，我们发现谷物成熟的周期有很强的规律性。从下种到成熟，到第二次下种这样一个周期，包含了四种气候的变换。从春、夏、秋、冬再到春天，这样一个长度正好是一茬谷物成熟的长度。于是我们有了年。年在甲骨文里写作 𠂒，就是一个人背着成熟的谷物。于是我们有了日、月、年三把尺子，作为衡量时间跨度的参照物。有了这三把尺子，我们就可以安排许多农事活动，安排彼此相见。等到夏天你再来，也就是说，等到谷物差不多结穗的时候你再来。人们彼此之间就有一个判断时间的共同语言了。

在此之后，我们又把一日再细分为十二时辰，通过晷表来划分一日的时间。同时也观察到，一年的时间跨度中，会有一天，白天很短，黑夜很长，又有一天正好相反。人们给它们取了名字，一个叫作冬至，一个叫作夏至。在这两个点中间，还有两个时间节点，它们的白天和晚上相等。人们给这两个特别重要的时间节点取名叫春分和秋分。于是就有了两至两分，也就是冬至、夏至、春分、秋分。

有了两分、两至的划分后，人们对时间的观察更加仔细了。假定太阳围着地球在一个平面转，便可以划出四份，确定四立：立春、立夏、立秋、立冬，这样我们就有了八个节气。在八个节气之间，我们再加上两个节气，于是就有了二十四节气，每15°就是一个节气，每1°就是一天。同时在每一个节气的十五天里，又分为三候，每五天变成一候。于是我们有了二十四节气和七十二候，这是我们对自然细致入微的观察。

二十四节气是与时间相关的制度，是阴阳合历的重要部分。那么阴历和阳历究竟是怎么划分的？用太阳作为参照物来划分时间的历法叫阳历，再准确一点叫太阳历。根据对月亮的观察来制定时间进程的办法，叫太阴历。

至于初一、十五，这是我们根据月亮来确定的。初一、十五就是朔日和望日，叫朔和望。初一就是新的一个月亮诞生之时，十五就是月亮圆满的时间。我们的节日大体上都是和阴历发生关联的，这和国外的情况完全不同。我们是根据观察自然、观察月亮的结果，来安排我们的节日体系的。

我们的历法既照顾到太阳历，也照顾到太阴历。准确地说，我们历法不能叫阴历，也不是阳历，而是叫作阴阳合历，即农历。

大家都知道，一个回归年，就是我们通常说的周年，大约是365天又5小时48分46秒，如果不计算小数点以后的时间，每一年差不多有1/4天没有计算在日历里。为了让它永远能够和回归年或者周年相适应，不至于差得太远。人们想了一个办法，叫置闰，放一个闰年。怎么放呢？每四年加一天，加在二月。因此，二月为28天，每到闰年，为29天。这是太阳历的算法。

我们的阴阳合历有所不同，我们从初一到十五，再到初一，以为月亮走了30天，实际上月亮的行进周期是29天多一点。那怎么来安排这样一个时间长度呢？我们划定大月30天，小月29天，这样我们的阴历大体上能和月亮的行进吻合。这样一年12个月，一共是354天。如果这么走下去的话，这和太阳的周年——365天又5小时48分46秒不能吻合，我们的日子就少了，大概过了几十年，我们的年就会到夏天过了，我们的日子就和太阳的活动周期不吻合了。于是我们也置闰。我们的闰月，不是太阳历置闰那样，每隔四年置一天。我们是每十九年放七个闰月，一个闰月30天。这样我们就把太阴历和太阳历协调起来，我们的年就可以和"冬季结束、春季开始"协调起来，变成一个大家都能接受，而且始终如一的时间办法。这便是我们的时间制度，是我们的行为准则，是社会生活和生产活动的安排办法。

这样一个时间制度对我们来说特别有意义，我们把这两个历法结合得非常好，从来不产生混乱。阳历和阴历在我们这里彼此打不了架。我说一个例子，如果大家熟悉二十四节气的话，年的计算就变得特别简单。大家可以拿手机查一查，大寒以后的第一个朔日，就是我们的大年初一。

大寒以后的第一个晦日，也就是第一个完全没有月亮的日子，是除夕。而第一个新月出生的朔日，就是我们所说的元旦。这就是阴阳合历的计算办法。年年如是，绝对不会错。

二、中国传统节日

讲了时间，讲了二十四节气，也讲了阳历和阴历之间的协调关系，接下来我想说说不同民族的节日。我们都是以对自然界的观察作为依据，来确定我们用于表达情感的节日体系。当原来的月亮和我们告别，新的月亮初生时，我们会把它当作新的一年的开始，所以就有了除夕。也就是辞别过去的那个月亮，辞别过去的那个时间周期，总结我们在前一个周期做的事情，迎接新的年、新的周期的到来。这个新的周期可不一般。

1912年，孙中山颁布《临时大总统关于颁布历书令》，废止通行了数千年的夏历，改行西历或公历。最严重的时候，要查抄那些卖年货的，对那些违反规定的年货铺子贴上封条，要求一律实行新办法。

历法改变带来了节日的变化，比如我们有一个节日叫三月三，许多兄弟民族现在还在过这个节日。我们通常说的阴阳合历的三月，正好是春天。三月阳春，春天发展到最好的时候，大家会到河边踏春。而太阳历、西历的三月是冬天的末尾，还冷得很，得穿棉衣，人们怎么会去河边呢？

大家都知道，西方的节日体系通常是以某个圣人、神人，或者名人生平的关键时刻来确定的，比如与耶稣基督相关的复活节、圣诞节。另外还有其他一些节日，比如情人节。这些节日最初或许也和自然有关系，但没有一个民族像我们一样，将对自然的观察，作为我们安排自己生活的最重要的依据。我们常说天人合一。什么是天人合一？我个人理解，天道就是自然变化的规律，和我们自己的生活安排应该一致。过去人们日出而作，日落而息，白天是工作的时间，晚上就是休息的时间。现在不同，太阳在，我可以工作，太阳不在，电就是我的太阳，所以晨昏颠倒。许多年轻人通宵工作，虽然精神可贵，但是对身体有害，应该让我们的生活与自然规律相一致。

2006年，二十四节气入选第一批国家级非物质文化遗产名录。2016年，二十四节气正式列入联合国教科文组织人类非物质文化遗产代表作名录。在国际气象界，二十四节气被誉为"中国人的第五大发明"。这是一个非常高的评价。总而言之，二十四节气对于我们的农业生产活动，对于我们的整个社会活动，都有着非常重要的意义。我们在尊重、推行其他民族文化的优点和长处的同时，应该加深对我们传统文化的认识，加强对我们传统文化的尊重。二者应当并行不悖。不应该以国际化的办法替代我们传统文化中最丰富、最优秀的东西。这样，我们祖先的那些宝贵成就和我们今天的创造，会对世界做出更大的贡献。

今天能够和大家做这样一个分享，我感到非常高兴，谢谢各位！

作为时间制度的中国节日体系
——以传统新年为例

国图讲坛·"春节——我们的节日"文化六讲

时间：2024年1月5日

地点：国家图书馆·学津堂

非常高兴在龙年即将到来的时候，和大家讨论年的问题。实际上，大家都比我更加知道年的意义。那么今天呢，我就想和大家讨论我们中国人的时间制度，或许能帮助大家更加深刻地了解年。

一、时间是什么

中国人的节日体系是和中国人繁复且非常规矩的这样一个时间制度分不开的，中国的传统节日不仅坐落在时间这个坐标上，而且体现出了中国人的时间观念。什么是时间？哲学家称时间是一切存在的物质的表现形式，没有物质，自然也就无所谓时间了。而我们一般人看来，时间是一个过程，物质的存在和运动，就体现在时间的过程当中。我们在日常生活当中所谈到的时间具有两个含义，一个是发生的那一个端点，另外一个含义呢，就是一个事件发展过程的长度。时间是一个抽象的概念，是物质的永恒运动、变化的持续性和顺序性的表现，是人类用以描述物质运动过程和事件发展的一个参数，人们要更准确地衡量时间，自然要想许多办法。

首先，便是确定参照物。那么人们在寻找这个参照物的过程中，最先发现的是太阳。因为太阳既是我们大家共同认识到的，又是恒久的、反复不断的一个对象。今天我们看见了太阳，明天在相应的这个时间里，还会看见它。因此，我们就可以把它当作一个尺度，来衡量一个物质的发展过程，或者是一个事件的发展过程，这便是日作为时间长度的起源。而地球围绕太阳运行一周的时间就是年。这就是我们最初用太阳来衡量时间的标准。

此外，我们还有其他的一些标准，比如两分两至。黄河流域的中国、两河流域的古巴比伦、尼罗河流域的古埃及、恒河流域的古印度，所有的这些文明古国，都很早地观察到太阳运行的规律，并发现冬至、夏至、春分、秋分这样四个时间节点，这是我们认识时间、划定时间的关键节点。

中国作为一个农业大国，在很长的时间里，我们都在认真地研究天象，研究月象，以适应自然规律。因此，在两分两至之外，又确立了四立，分别为立春、立夏、立秋、立冬。后来分别在两个不同的时间节点中间，又增加两个节气，构成了我们的二十四节气。那么，我们就有了一个很全面的关于一年的这个长度的划分。

除此之外，我们还有历法。我们最早使用的是夏历，起源于四千多年前的夏代。夏历是以对月亮的观察为基础的历法。对于月亮的情感是我们中华民族不同于其他民族的一个特别的情感。我们对于月亮的认识，要比其他民族深刻得多，更亲近得多。在某种意义上，"月亮代表我的心"只有我们中国人才能唱得出来。我们所有的节日，都和月亮发生关系，包括我们的年，我们的元宵节，我们的三月三，我们的端午，我们的七月半、八月十五，甚至于腊八和腊月二十三。为什么呢？我们不仅看到月圆，还会特别关注完全没有月亮的时候，所谓初一就是朔日，十五就是望日，一年便是十二个月亮的月圆，每一次月圆，又是三十个太阳的升与落。

以月亮为依据的夏历与以太阳为依据的阳历有所不同，它以朔望月作为确定月历的基础，大月30天，小月29天，比阳历少十余天。于是，我们采取了置闰的办法，设置闰月以使平均历年为一个回归年。比如说2024年是大年，所以2月就变成了29天。

那么后来到了商代、周代，历法都有所变化。夏历以春一月为正月，商历以冬十二月为正月，周历以冬十一月为正月，秦历即颛顼历，以冬十月为正月。到了汉代的时候，就设立了一个新的办法，即太初历。太初历恢复了以夏历正月为岁首，并吸收了二十四节气作为指导农事的补充。这一个历法，把我们对于太阳的观察和月亮圆缺变化规律，两个凑在一块儿，构成了我们所谓的阴阳合历。这是我们古代一部比较完整的历法，是中国历法上一个划时代的进步。

二、中国人是怎么样计算时间的

那么说到夏历之后，还有许多我们中国人所特有的一些关于时间的计算办法。比如干支，过去有的时候写成"干枝"，十天干和十二地支，相互交错，就变成了60个不同的单位，60个组合。过去古人的平均年龄比较小，60作为纪年单位，对于一个人的一生来说足够了。

天干地支这一发明影响深远，至今仍用于历法、术数、计算、命名等各个方面。大家都知道戊戌变法、庚子赔款、甲午海战，都是用干支来说明年份的。还有我们说八字，是生年、生月、生日、生时，四个干和四个支，这样正好凑成八个字，是一种认识人生祸福的办法。

除此之外，十二地支：子、丑、寅、卯、辰、巳、午、未、申、酉、戌、亥，我们又有相应的物象同它对应起来。每一个年份都有一个相应的动物，这就是我们的属相。而且每隔十二年，我们都会有一个本命年。大家都知道2024年是甲辰年，也就是说今年是龙年。

这个龙年呢，太有意思了，龙年对于我们中国人来说，是特别的一个年。因为在十二属相里面，只有龙是一个想象中的动物，是我们在观念中把它绘制出来的一个对象。龙最早可能是一个很小的部落的图腾。所谓图腾呢，就是指一个群体的象征、符号，随着历史的发展，龙逐渐成为我们中华民族的一个共有的符号，所谓我们是龙的传人，是龙的后代子孙。

龙的变化也很复杂，最早红山文化出土的是一种玉龙，它是没爪的。到了商代的时候，在青铜器的刻绘中，龙已经开始有爪了，但还没有鳞。后来呢，又不断地增加许多其他的符号，比如说有了犄角，功能也变得多了，比如说行雨、祈福。在这种情况下，龙的形象呢，逐渐变得丰满起来了。到了明清时期，龙开始为统治阶级所专用。

大家常常认为，十二属相里，属龙怎么怎么好，而属马、属牛会更辛苦。实际上未必，因为你生在哪一年，并不能决定你自己的命运，命运还是靠你自己的奋斗，靠你自己的追求。

除此之外，我们还有另外一些计算时间的办法，比如说刻漏，就是古代计时器，它以铜为壶，底穿孔，壶中立着一个有刻度的箭形浮标。壶中水滴渐漏渐少，浮标上的度数也逐渐显露。一般十五分为一刻，一昼夜共一百刻。

另外我们还有所谓旬，十日为一旬，一月有三旬。这样看的话，我们的进位，就和其他国家很不一样。我们有30进位，到30的时候，又得重新到1那儿去了；还有12进位，比如说地支是12，属相也是12；另外还有7进位，比如说七曜，金、木、水、火、土、日、月。过去我们把星期一叫月曜日，星期二叫火曜日，星期三叫水曜日，星期四叫木曜日，星期五叫金曜日，星期六叫土曜日，星期日叫日曜日，同时我们也还有24进位，比如二十四节气；还有60进位，比如说干支纪年。

所以我们中国人，头脑特别灵活，擅长计算，在这些不同的进位当中，在复杂的历法中，探寻自然的奥秘，我们应该感到自豪。

三、中国传统节日体系

说到我们中国人的节日，不同于其他国家，我们的节日是有严整的体系的，它表示我们和自然的关系。春天的时候有春天的节日，夏天的时候有夏天的节日，到秋天的时候我们有秋天的节日，到了冬天，到了下一个岁首，我们会有另外一些节日。

我们在世界民族之林中是非常独特的，因为很多民族过的大多是那些神圣人物的纪念日。我们是为了庆祝我们和自然的这种关系，解决的是这样一个非常宏大的问题。比如说三月三，这个时候，大家都已经告别了寒冷的冬天，要到野外去呼吸新鲜空气，要舒展自己的心情，要和自然亲密接触。因为在冬天的时候，很难有那么好的心情和那么好的天气。到今天为止，我们有的时候还会春游。虽然已经没有过去那么重视了，但是我们不要忘了，春天是我们和自然接触、亲近自然、认识自然、尊重自然、让自然活在我们心里面的时机，这样一件非常重要的事，我们别把它扔掉就好。

中国人的时间制度和节日体系曾经在历史上，对于亚洲的一些民族产生过重大的影响，显示出强大的生命力和文化影响力。

1912年，孙中山发布《临时大总统关于颁布历书令》，令内务部编印新历书，推行新历，即公历。为了推行公历，当时的民国政府还试图强令春节期间关门商铺开门营业，直到1934年，才不得不承认新旧历法并存。但公历由此成为中国人日常生活中常用的历法，旧的历法反倒不常用了。

改历后，公历1月1日被称为元旦或阳历年，农历正月初一被称作春节，但我们心里对农历年的情感是抹不掉的。马上要到腊月了，到腊月的时候，大家再看看自己的心情，再看看过年的那种气氛。在街上，在每个人的眼里，在每个人的脸上，更不要说在每个人的心里了，已经洋溢着对年的期盼和将要迎来的那种欢快，所以我们应该保护好这个传统，应该给予它特别的关照。

如果说二十四节气是我们进行生产劳动的一个依据的话，那我们所有的节日都是充分表达我们内心情感的宝贵时刻。这种情感表达维系着我们和周围人的关系，我们和家族、亲族之间的关系，是我们和自然的关系，我们和内心的修为的关系，所以这种文化的情感表达，是特别重要的。此外，我们的节日体系也是我们的民族记忆或者民族传统的一种积淀。在这里面有非常多的深刻的、科学的，也包括诗意的、美学的意涵，这些需要我们通过节日来深深地体会。

说回我们的年。年是什么意思？我觉得它至少有三个特别重要的意义。头一个就是我们在过年的时候，所有的地方都是干净的，干干净净地过大年。大家都知道，过去住平房的老百姓是要糊棚的，而且要重新刷墙的。我记得我小的时候，母亲在一个大杂院里面，会划出一个地方来，非常认真地清扫，好像这个地方是一个神圣的地方。所有的这些举动，所有的这些活动，都是人和自然关系的一个体现。比如说从初一到初五，垃圾箱里面是没有垃圾的，没人倒垃圾，有垃圾都要往屋里扫，垃圾变成财富了，财富不能外流。而过了初五，垃圾又恢复为垃圾。在这个时候，人和自然有自己的语言，要重新对话，我把它称作人和自然的关系重建。

在这个时候，老人要给孩子压岁钱。平时给孩子钱都有目的，唯独这个时候，钱只有名字没有用处，而是有另外一种仪式性的含义，压岁钱是长辈对于晚辈的期望，希望孩子能够活得好，长得特别壮实、健康、长命百岁、快乐一生。孩子也要给老人行礼、磕头、拜年。

我们过去到亲戚、朋友家去拜年，都是亲自去拜的，现在大概不怎么时兴了。过去啊，在一些小城市里面，人们会在家门口贴一个盒子，拜年时将自己的名片投进去，又叫作拜年帖。拜年是人和人的关系重建，平时我们不常见面，在这个时候，通过拜年把人和人之间的关系协调起来。我觉得这是过年比任何节日都重要的一个原因，这个活动是平时所没有的，而且是全民性的。

另外，在过年的时候，大家还要约束自己的行为，比如说在这个时候不能说脏话，大街上的两个人也不会吵架，"大过年的别生气了"，一句话解决了很多人与人之间的矛盾。为什么？因为过年是一个特殊的时间，而这个时间是公共时间，在这个公共时间里，大家都愿意拿出最美好的一面，总结昨天，迎接明天，期望明天更好。

在这个欢庆的时候，大家唱歌啊，跳舞啊，耍龙灯啊，我们中华民族的爱美之心和创造美的能量，都在这里展现出来，我觉得这个年特别有价值，特别有意义。"年"这个词也许并不那么重要，我们想要恢复的是年本身的价值意义和功能，我们要捡回对于年的尊重，要重建这种神圣感。我希望我们每一个人的心目中都让年有一个复兴，这得靠我们大家。这是一个非常重要的非物质文化遗产，是一个非常重要的宝贵的资源。我们大家都是这个宝贵资源的传承人，希望大家把年过好。

祝大家新年快乐！

附录：

我们中国人自己的传统节日体系

　　每一年，从年初到年末，随着时间的推移，我们都会经历不同的节日。中国人的节日，在一年四季里安排得那么错落有致，给生活增添了许多色彩。每一个节日都像一曲喜悦欢畅的歌，连缀在一起，构成一个严整的系统，那是一部精妙瑰丽、意蕴磅礴的宏伟乐章。

　　在中国，节日体系和时间制度有着密切的关系。自节假日改革后，很多传统节日成为国家法定节假日，节假日体系的新变化，成为我们认识和继承传统的一个新契机。

一、中国法定节假日制度的改革

中国的节日自古以来就和时间制度联系在一起。我们作为中国人非常幸运，我们的生活和其他的国家、其他的民族比较起来，更加有情趣，更加有诗意。哪一个国家会在一年当中过两次年？哪一个民族会像中国人这样一年过两回生日？正因为有这样一些非常有意思的安排，所以我们的生活变得特别有诗意，我们整个生活的旅程也显得特别快乐。如果与外国人的节日比较，我们会发现，国外的节日大部分是以宗教人士的纪念日作为核心的，随意性就比较强。而我们对节日的安排，不是以个人的纪念日作为核心，我们的节日核心是我们自己和自然的关系，通过人与自然的关系做系统的时间安排。

2007年，关于节假日的改革，是一百年来我们时间制度的一次极其重要的转变。原来我们所实行的历法通常叫作夏历，是肇始于夏代的。以十二个月为一个周期，正月作为新时间周期的开始。到了商代，按统治者的规定，周期提前了一个月。到了周代，起始点又提前了一个月，以十一月的初一，作为一年之始。到了汉代恢复夏历，唐宋时期这种历法逐渐成为全国共同奉行的时间制度。在过去我们也称夏历为农历，或者又叫旧历。严格说起来，这两种说法都不合适，还是应该恢复原称夏历。

1912年，也就是辛亥革命的第二年，孙中山颁布《临时大总统关于颁布历书令》，规定废止通行了数千年的夏历，实行国历，就是通常所说的西历或公历、阳历。从此，按新历法，一年从1月1日开始，这之后的一段时间新历和旧历并存。在新旧并存的时间里，春节等一些传统节日已经不放假了。到了1928年末，为了实行新历法，有的地方居然动用行政手段查抄卖年货的商家。这个办法实行之后，民族传统节日在整个假日体系当中就逐渐失去了地位。到1949年中华人民共和国成立以后，我们当时的政务院，也颁布了一个制定假日的办法，里面只规定了春节假期，其他的民族传统节日仍然被忽略了。

"文化大革命"时期，提出为了"适应革命形势的发展，满足广大革命群众的要求"，春节不再放假。于是大家都抓革命、促生产，在这个时候叫过"革命的春节"，不许放假。十年后，大家又照样去过春节了。

春节很幸运，在我们的国家假日体系里面仍然存在。但其他的节日就没有这么幸运了，一百年来几乎没有给清明、端午、中秋这些非常重要的节日一个法定的假日，民众也很少能悠闲地度过这些自己非常钟爱的传统节日。

说起来很有意思，包括春节在内的很多假日，虽然有假期，但也存在一些问题。大家都知道，原来的所谓新年就是指我们的正月初一，正月就是新一年的开始，新的一个时间周期到来。可是后来，"新年"这个名字被挪到了所谓公历的，或者我们通常叫作阳历的1月1日去了。正月初一没有名字之后，我们就几乎没有办法去称呼它。于是想了一个办法，将它称作"春节"，好像变成了"二等公民"，好像"节"就比"年"要小一个等。此外，连"元旦"这个词也被挪到1月1日去了。原来我们叫作大正或正日，又叫作正月初一，还叫作元旦，因为是一元复始，第一个早晨，所以就把它叫作元旦。元旦被挪到1月1日之后，正月初一又失去了一个名称。仔细想一想，是否可以在大家认同的情况下，让这个特别重要的日子，恢复它原有的一个正式的名称呢？比如说正日。因为，我们不是称夏历的第一个月为正月吗？这样，既满足了现实的需求，也重建和恢复了关于历史传统的记忆。

在1912年改历过程中，唯独留下的就是除夕。当我们说除夕的时候，大家都明白指的是腊月三十晚上，腊月的最后一天，绝对不会在12月31日去说这天是除夕。因为在阳历中，这一年的最后一天没有什么故事，没有事情要做，但在我们的传统节日中却有那么多事情要做。从腊月初八开始，我们就几乎已经进入到年的准备阶段，整个腊月全在忙年，忙着结束头一年的时间周期，迎接新的时间周期。在这个时候要准备衣服，要准备吃食，要准备调整人和人之间的关系等，我们要做非常多的事情。而且到了过年的时候，还要把我们的祖先请回来，还要把福佑我们自己生活的诸多神仙力量汇集在一起，把它们也请回来，使我们新的时间周期能够平安而且有成效地度过。所以腊月三十这一天晚上仍然叫除夕。

2007年12月7日，国家法定节假日制度的调整方案颁布之后，一百年来传统节日的命运发生了改变。如果从1912年《临时大总统关于颁布历书令》算起，至今已将近一百年，如果从1928年彻底废除旧历算起也有八十多年了。在这将近一百年的时间里，我们中华民族的普通百姓钟爱自己的传统节日，一直努力地保持着习俗传统，这是假日体系改革最根本的原动力。如果没有全国人民对于传统节日的钟爱、关注和将之继续传承下去的强烈愿望，国家法定节假日制度是不可能调整的。此次改革实际上是一种跨时代的举措，有着重要的历史意义。改革后相比过去增加了一天的假日，也就是由原来的10天节日休假变成了现在的11天，全年的休假日就是52个周末加上这11天，一共是115天。当然在此之外还有一些不属于全民节假日的特殊日子，例如各少数民族同胞的传统节日等。

二、国家日历与民族认同

我们把整个节假日体系叫作一个国家的国家日历。我们的国家日历包括民族传统节日和我们共和国的新的节日。一个国家会以怎样的办法来安排自己的国家日历呢？以"黄金周"为例，它被看成一种资源，我们姑且叫作公共时间资源。这种资源能够创造什么效益呢？有的人认为节日活动可以促进消费，拉动经济。公共时间资源就像湿手帕一样可以拧出水来。有人拧的是消费，有人拧的是金钱。

同时，我们是不是可以提出另外一个问题？换一个方式来思考公共时间。假日作为一种资源，不仅可以在经济上取得效益，也会在文化、社会、生活等各个层面上取得效益。我们是否过于重视经济层面的收益，而忽视了这些假日在社会、文化等方面可能创造的效益？我觉得，我们的公共时间资源没有被充分利用，一部分资源被浪费了。那么百姓在公共时间资源里又收获了什么呢？可以收获家庭团结，可以改善人际关系，可以创造和谐，可以提升民族自豪感，可以更清晰鲜明地将民族身份的标志印刻在我们心里。

在这个问题上，要让我们的社会能够有一个可持续发展的机制，能够有一个以人为本、建构和谐社会的诉求。在这样一个大背景下，才出现了对于传统节日的一种再认识。对我个人来说，这样一个决定实际上意味着文化的重新定位。也就是说，过去我们往往把传统当作一个沉重的包袱，以为过去的这些传统在我们的前进道路上是阻碍，会紧紧把我们往后拽，而实际上它也能够发挥前进助力的作用。文化大约是这样一个特殊的领域，这个领域本身是传承的，它是一个历史发展的过程，我们不可能没有昨天，一下子进入今天。所以在一片空白的平地上，我们创造一个新文化的设想是不切实际的。

为什么我们非要把这些传统节日变成我们国家的法定节假日呢？一百年都没有改变的这个历史，现在又回归到原来的情况，那么到底有没有必要这样做呢？现在我们来看一看这些节日究竟对我们意味着什么。

对于中国民俗来说，现在重新有一个所谓复兴的苗头，这并不是说我们要复旧，而是要把传统中的优秀部分拿来为文化建设服务。假定一个传统不能为今天和明天的发展贡献力量，那么它对我们就毫无价值了。同样，什么是历史？历史就是对今天和明天有意义的关于昨天的回忆，所以我们今天常常也会这样来看待我们自己的传统节日。传统节日意味着什么？首先，意味着我们和历史的对话，我们是一个有历史传统的民族，而这个历史传统对于我们来说是珍贵的财富，民族传统节日同时又是调整我们互相之间关系的时刻。

大家都知道过年的时候，特别是在南方，有的在腊月三十，有的在初二，这样的日子要到亲人的墓前扫墓。当然我们也有另外的一些习俗，比如清明去扫墓。为什么要在正月里去扫墓呢？就是在一个新的时间周期到来时，请祖先回来同我们一道度过阈限（就是一个时间和另外一个时间的交界处）。因为在这个时间的交割过程中，最容易被邪恶势力所浸染。在民俗学领域里这个关口是非常重要的时刻。比如说，一个孩子从孕育到诞生这段时间特别重要，过去这个时候是不许外人进产房的，产房门前都要挂上一个红布条，向外人表示严重性，所以在这个时候有很多禁忌。另外再比如说成年礼，或者一个人由生到死的过程也是一种转折，由现实世界一直到进入另外一个世界，中间也有一些非常重要的仪式性活动来完成这个过渡。其中特别重要的就是婚礼，婚礼是两个普通的人组成一个新的家庭，组成一个新的社会基层单位，在这个组成中间将会产生很多问题。所以在这个时候，婚礼的仪式就变得特别重要，这里有对邪恶势力的一种防范，有对新事物的一种追求和期盼。

此外，传统节日对于我们来说是一种民族认同和身份认同。在国外的许多唐人街，每逢过年连外国的总统们也都要到华人区拜年。我们的华侨们就会特意地表现我们自己民族传统的风俗活动，比如舞狮、扭秧歌、踩高跷或者跑旱船，为什么？因为在这个时候，有一种特殊的民族认同，同时对于外人来说也是一种民族身份的展示。所以在这个时候我们就觉得自己内部的和谐和对外民族身份的展示都表现得特别清楚，同时我们在这个时候也会有一种民族的自豪感，觉得我们有一个内部标志，同时我们有一些彼此认同的仪式性的东西来联系着我们。

另外，如果从文化艺术的角度来看，传统节日是我们表现自己才智最集中的时刻，我们许多艺术表现形式几乎都是在这个时候创造和呈现出来的。基于以上这些节日的功能，我们为什么不通过法定节假日的方式让它由隐性变为显性，在社会生活中发挥效益呢？如果说过去我们一直压抑着这种民族情感的展示，那实际上除了在我们的内部造成缺失之外，对于整个国家文化生活来说也是一种遗憾，所以节假日改革是一次非常重要的、划时代的改革，它将会在我们的社会生活、民众生活中发挥重要的作用。

三、中华民族传统节日的贡献

我们可能会提出这样的问题，在最近这一段时间里，非物质文化遗产的许多代表作被政府作为一种重要的文化遗产公布出来，大家十分关注，提出了各种各样的措施以进行保护，为什么这件事情会引起整个社会的极大关注呢？这种关注的必要性在哪里？刚才说到民族传统节日的时候，其实在某种意义上也回答了类似的问题，我们的民族传统是我们向世界做出文化贡献的重要方面。过去我们往往会认为，文化遗产是我们历史前进的包袱，这个包袱越来越沉重，以至于使整个民族都很难继续向前走。到了今天我们会提出另外一个问题，这些传统里面有没有可以帮助我们继续前进的优秀因素和成分呢？

我们在讲到节日体系时，会发现其中有很多所谓信仰的东西。人类在前进过程中会不断遇到很多未知领域，而当真知的阳光还没有照到这些晦暗角落的时候，它们对于我们来说是一种意识当中可怖的存在。比如过年时为了驱鬼要放鞭炮、贴对联。对联是什么呢？过去叫桃符，桃木被理解为是有"驱鬼"效能的，我们要贴门神，门神如果是一个，有可能画的是钟馗，如果是两个，有可能画的是神荼、郁垒，是秦叔宝和尉迟敬德等。为什么要这样贴？就是因为有一种想象中的特殊存在，而这种特殊存在会加害我们，这就要提出一个防范的办法来。如今我们仍然还在贴对联和门神，但在多数人的观念里，主要强调的是其喜庆的含义。再比如说清明节，清明节最早起源于对火的崇拜，它实际上是将三个节日并在一起了，清明节、寒食节、上巳节。我们的先辈把一年切割成二十四个节气，比如有两分两至：春分、秋分，冬至、夏至，清明就是其中一个节气，后来演化为清明节。

大家都知道，中秋节和嫦娥奔月的神话有关。据远古时代的文献《归藏》记载："昔嫦娥以西王母不死之药服之，遂奔月为月精。"西汉时期的著作《淮南子》也说，射日的大英雄后羿"请不死之药于西王母，姮娥窃以奔月，怅然有丧，无以续之"。然而，寄怀这瑰丽的神话并非中秋节的唯一文化内涵。多义性是中华民族传统节日有别于现代节日的重要特点之一。

对月的崇拜是我们民族先祖敬畏自然、亲近自然，把人类社会的活动和自然界及其运行紧密联系在一起的具体表现。春天播种，秋季收获，这是大自然的规律，也是大自然的"恩赐"，所以有祭拜土地之神的活动，所谓社祭，所谓春祈、秋报。这种在中秋佳节喜庆丰收的对大自然感恩的活动，即使到了今天也还是对我们关爱自然、保护环境有一定警醒意义。

中秋节的多义性还表现在由月亮的圆满而引申到人事的团圆上。从一定意义上说，这种具有社会含义的人事团圆，包括家庭团圆、亲友团圆、社群团圆、民族团圆，乃至社会和谐、世界和平，在今天仿佛已经上升为中秋节的核心内涵了。

通过中秋节的实例，我们还看到，有关节日的解说和内涵并非一日生成完备，而是在长期历史过程中，逐渐积累、逐渐演化、逐渐丰富而呈现为今日的状态，今后也还会不断发展。20世纪出土的汉代帛画上，月亮当中还绘有蟾蜍的形象。唐宋以来再说月亮，则常常以玉兔代之。玉兔作为掌管长寿和不死仙药的大神西王母的侍从，以不断捣药的形象出现，当在常理之中。但它出现在月宫当中，以及吴刚现身于月宫等，似乎有些语焉不详，而且彼此间似无联系，谁知道会不会有一天被民众的智慧和口碑编纂成为一个体系性的故事呢？

当我们把中秋节放在整个民族传统节日的体系当中，来深入思考和细细品味它的意义和价值、来体验它给予我们的欢愉的心绪和快乐的情感时，我们不是深切地感到生活是幸福的，世界是美好的吗？我们不是会增添创造和奋进的激情和力量吗？

在我们的节日中有很多健康的、鼓励我们向前走、充实我们的生活、使我们拥有幸福感的因素。因为有了这些节日，有了这些节日里面非常有意义的仪式性活动，我们的生活就变得特别有情趣，我们的幸福感就变得特别实在，我们人和人之间的关系就变得特别和谐，这对于整个社会生活来说是有好处的。像这样的一些传统节日及其仪式，应该传承下来，让它们在我们的社会生活中发挥重要作用。所以从这个意义上，我们将传统节日制定为法定节假日实际上有非常重要的意义，是我们重新认识传统的一个新契机。我个人觉得这件事是一个代表性的标志，说明我们今后将不断在社会建设当中发挥传统所特有的作用。

在这个过程中间，我觉得有两点要特别关注：一是，这些优秀的传统可以成为我们建设新文化的助力。二是，当我们做这些事情的时候，我们不仅仅是为了弘扬民族文化，不仅仅是来增加民族前进的动力，我们更会有一种自豪感和自信心。同时我们在保护文化遗产的时候，实际上也是在为人类文化多样性的发展做出自己的贡献。

当世界已经变成地球村的时候，我们任何一个民族所做的任何一件有益的事情都变成了对人类的一种贡献。任何一个民族，当它伤害了自己的文化，实际上也是对人类文化的一种伤害。大家都知道，在巴米扬大佛被摧毁的时候，全人类都感到惋惜，因为那是人类的一项杰出的艺术创造。所以当我们在保护自己的文化遗产时，实际上也是在为人类文化的多样性发展做贡献。过去一位伟大的思想家、哲学家、革命家，就是大家都知道的马克思，他的女儿问他最喜欢的格言是什么？他说："为人类而工作。"我觉得这句话或许在今天有特别重要的意义。

我想回过头来说这样一句话，我们这一代人有我们自己必须完成的历史使命和必须肩负的历史责任，我们应该把祖先留给我们的优良传统从我们这一代人的手上传递给我们的后代，让他们在进行民族文化建设的过程中，有更多的精彩表现，有更多的贡献。

辑三

国际非遗研究

当俄罗斯旧礼仪派塞梅斯基人
走向世界的时候

国图讲坛

时间：2012年6月13日

地点：国家图书馆·学津堂

　　我在亚洲北部的西伯利亚地区做过几次考察，也到亚洲南边马来西亚的吉隆坡和槟城做过几次考察，收集了一点资料。在考察的过程中我有一些想法，这些想法使我很兴奋，所以一直希望能够有机会和大家来讨论。

　　大家都知道马来西亚的华人占比很高，曾经一度达到40%~50%，现在仍然还有20%~30%。马来西亚华人究竟怎么来凝聚自己的团体、族群，怎么来保护自己的传统文化呢？

　　我们可以通过一个很具体的事例来了解。中国人讲究落叶归根，但是他们已经定居在那里，于是墓地的建设就

马来西亚的华人是按照佛教的仪轨去祭祀故去的亲人的，这是七月十五中元节的活动

在马来西亚的槟城，中元节前后这个时间段，几乎满街都是这种大士旗，不用刻意去找，只要顺着这个旗走几步，马上就有一个功德大法会的道场

一个普通的街道上，有一个"庆赞中元"的道场，道场前面都点上了蜡烛，举办者就是来自街道周围的一些居民

变成了一个非常重要的事情。马来西亚几个城市的市中心，都是华人的"陵寝"。并且他们非常重视传统节日中的中元节，有很多仪式活动，非常热闹。

这种对传统文化的保存和守护，对于马来西亚华人的凝聚起到了非常重要的作用。就像落叶归根一样，人们最终要回到自己最初生活的地方，这说明在马来西亚华人的心里面，始终保持着对于故土的依恋。

回到今天想和大家分享的题目。2008年8月末，我们曾到俄罗斯后贝尔加地区做过一次关于非物质文化遗产项目的考察，起因是联合国教科文组织第一批人类非物质文化遗产代表作名录中，有一个关于文化空间的项目：俄罗斯联邦的塞梅斯基人文化空间与口头文化。选择这样一个考察对象，目的在于为我们今后文化生态保护区的建设提供一些参考。

于是，我们一部分人由呼伦贝尔市海拉尔区出发，一部分人从北京出发，穿过国境线到赤塔，再经彼得洛夫斯克到乌兰乌德，一路来到塞梅斯基人的居住点。

一、塞梅斯基人的信仰与习俗

塞梅斯基是俄罗斯的一个古老的、由宗教信仰结合起

《女贵族莫洛卓娃》

来的信徒群体，有着自己特有的文化要素和群体意识。"塞梅斯基"的意思是以家庭为单位生活的人，是一批老信徒，忠实信仰17世纪以前的东正教。

17世纪后半叶，俄罗斯历史上的一个重大事件就是宗教改革及东正教的分裂。以莫洛卓娃为代表的旧礼仪派坚决抵制改革，因此受到严酷的打击和迫害。

大家看这幅画，《女贵族莫洛卓娃》，这是一幅很有名的画，描绘莫洛卓娃在被送去受审时的场景。这幅画的右下角，一个苦行僧身上戴着锁链，他向莫洛卓娃举起了两根手指，在画面的左侧，莫洛卓娃也伸出两个手指作为回应。这幅画非常真实地描绘了当时两派之间的矛盾，是17世纪俄罗斯宗教改革的一个写照。

一部分旧礼仪派不堪残酷迫害，便逃亡到波兰地区。18世纪中叶，叶卡捷琳娜二世执政时期，他们又被押解回国，安置在人迹罕至的西伯利亚。其中一部分被安置在后贝加尔湖一带，这里过去是不毛之地。就这样在贝加尔湖边，塞梅斯基人定居下来，过着自给自足的生活。

塞梅斯基人的村庄

塞梅斯基人的村落和民居。整个村庄全是这样的房子，他们把自己的房子都装点得特别漂亮。考察的时候，我们还看见那些房主们在装饰房子，我想塞梅斯基人对于固守本民族传统文化的自豪感和自信心，就是通过这样一些看似平常的举动表现出来的

129

我们就居住在这户人家里

他们过得完全是自给自足式的生活

这就是他们日常的穿着，一旦有节日性质的活动，他们就会打扮得更隆重

他们会劳动，会治家，既不酗酒，也不抽烟

他们耕种自己的土地，地里的庄稼都长得特别好，家里面一尘不染

他们对自己的生活有一种满足感，有非常强烈的幸福感

在他们使用的所有器具上面，都有非常精致的图画，无论新旧，包括平时最常用的
器皿，也都是做了非常多的装饰

他们纺线的工具

这些编织物也都是手工的

他们平时的食物也都很简单

这些男子汉现在也不一定都留胡子了，他们为人都特别的谦恭，用我们的话说就是
朴实

这是一个小小的博物馆，里边展示着传统服饰，到现在他们仍然还是穿着这样的衣服

这是琥珀，非常大，稍微富庶一点的人还保留着，也有很多人当年拿它换了面包

这是一个旧礼仪派的教堂，星期天的时候他们还照例来教堂做礼拜

这是献给亡者的文书，数量非常多

塞梅斯基人的墓碑

这个十字架在墓地外面，当一个人被处决或是自杀等非正常原因死亡，他的遗体是不能入陵园的

从塞梅斯基人的日常生活可以看出，他们都特别地喜欢自己的传统文化，而且非常认真地保护自己的传统文化。比如说这位老太太，她把自己的房子腾出来，改成了一个小小的博物馆，起名叫民间的歌唱博物馆。她手里拿着过去的马具，是拴在马脖子底下的铃铛，也是他们的一种乐器

这是他们烧东西时挡火的挡板，他们将它作为打击乐器

她穿着塞梅斯基人的传统衣服

他们有时候会聚在一起，打扮得都非常美丽，不为别的，就是唱唱歌

当地政府十分重视文化遗产的保护与传承，他们相应地会出一些有关的书，另外也会为自己的家乡编歌

这是另一个小型博物馆的馆长

博物馆中有一件非常有意思的展品，是一幅织物，他们不知道在哪找了一张中国的
画片，然后编织了出来

154

二、走向世界的塞梅斯基人

（一）文化传统延续的外部条件与内在驱动力

一种文化传统的延续会受到外部条件的影响，有些外部条件相对有利于其延续，有些则相反。看似优越的外部条件，并不一定会促进传统生活的有效延续和健康发展，有的时候也可能加速它的变异；从表面上看并不优越甚至十分严酷的外部条件，也不一定必然会扼杀或者是阻碍某种特定传统生活方式的延续。

在许多异文化包围的环境里，某些特定的社会群体，依然顽强地保留着自己的民族文化传统，比如我们所说的马来西亚华人和塞梅斯基人。

因此，对于文化传统的发展来说，内部的驱动力才是根本的、左右发展趋势的关键因素。内部驱动力与外部条件的互相作用、互相激荡形成的某种张力，对于一种生活和文化传统的延续和演化起着相当重要的作用。而在这些内在的驱动力当中，比如说我们在塞梅斯基人身上所看到的，价值观和信仰占据着特别重要的地位。

当我们力图关注和保护一种具有悠久历史的文化传统的时候，就应该认真地分析、悉心对待这一特定群体的价值观和信仰。文化传统的主体和核心是世代承续的社会群体，是人群。分析和调动社会群体的真正内在的驱动力，是传承和发展包括非物质文化遗产在内的文化传统的生命力的关键。

（二）市场经济条件下的传统文化

市场经济在世界的每一个角落，都产生着非常重要的影响。苏联解体后，俄罗斯的每一个角落，无论是城市还是乡村，都受到了巨大影响，它使整个的社会生活，乃至于每个人、每个家庭的生活方式都有了很大的改变。当我们把自己的生活变成了商品，再继续按照生活的样子走，那也不是生活的原貌了。

一些塞梅斯基人合唱队成为商业性旅游活动的主角的实例，也说明了这种变化的正面和负面的诸多影响。一方面，本来是群体生活有机组成部分、带有若干仪式性质的艺术活动，变成了一种商业性的文化产业活动，使它脱离了原有的生活场景；另一方面，塞梅斯基人仍然小心翼翼地保留着原有的民间口头传统，无论是曲目、唱词和唱法，都还没有被市场过度地浸染。我们也注意到，文化事象功能的转变是其缓慢的、微不可察的性质改变的开始，功能的转变必然要求其与生活环境和周围诸多事物隔断联系，而联系一旦中断，就为它进一步或者是彻底地改变性质铺平了道路。

（三）地方文化的世界化

塞梅斯基人曾经是在一个被人遗忘的角落生活着，现在，塞梅斯基文化空间与口头文化已经入选联合国教科文组织人类文化遗产代表作项目，曾经不为人知的一群人的生活一下子成了全世界所关注的对象。很多人以赞赏的口吻称道他们健康的生活方式，把他们的勤奋、节俭和知足寡欲等视为应该倡导的美德。人们透过歌唱、服饰、民居等外在的文化表现，钦佩、赞赏和羡慕塞梅斯基人的价值观和生活方式。另一方面，塞梅斯基人进一步打开相对闭锁的生活环境和精神世界之后，对他们的生活会产生什么影响呢？我采访过一些塞梅斯基人，问他们如何看待塞梅斯基人的口头传统和文化空间被批准为人类文化遗产代表作项目。有人回答说："听说过这件事，但是巴黎离我们那么远，我们该怎么生活还怎么生活。"

地方文化的世界化，会为文化的多样化增添活力，也会对地方文化的延续、保护和发展产生一定的影响。这些影响是正面的还是负面的？哪一方面多些哪一方面少些？我们将如何去应对这种不可避免的地方文化世界化的现实，如何采取有效的措施防止和减少某些负面的影响呢？这些都值得我们深思，而且这些也不仅仅是思辨性的问题，还要在生活中去寻求答案。

谢谢各位。

附录：

俄罗斯民间信俗中的精怪世界

在民间叙事中一切可能的和不可能的情况都会发生，而且是顺理成章，讲者和听者不会感到诧异和难以接受，大家都乐意地、顺畅地、不假思索地接受这一或那一过程。而且很少就此发问，为什么会是这样？尤其对于儿童更是如此。这是民间叙事学领域聚讼多年、今后还将继续讨论、各抒己见、见仁见智的一个重要问题。现在我们要讨论的虽然是虚幻的形象，是鬼，是精怪，但它们在民间叙事的演述主体的心目里，即在讲述者和听众的心目里，往往被看做是存在于现实中的。

一、中国民间叙事中的鬼

汉民族在迄今为止的一个很长的时期里，鬼大都是和人死之后的灵魂联系在一起。《说文解字》对鬼的解释是："人所归为鬼，从人，象鬼头。鬼阴气贼害，从厶。"

《汉语大字典》的解释较为繁复，除去引申义外主要有三种：

（一）迷信者以为人死后离开形体而存在的精灵。（二）祖先。（三）万物的精灵。

民间叙事中，鬼这一形象的行事与佛教的地狱观念有十分密切的联系。统领鬼的世界的是阎王、钟馗等。在汉民族的传说和故事当中，阎王及作为鬼王的钟馗是很常见的形象。他们手下有作为办事人员的牛头、马面，黑、白无常。应该说这些都是鬼世界当中的行政人员。这些行政人员同一般的鬼不同，他们都有自己的基本形象。例如，钟馗不仅有大家基本认同的具体形象——长着胡须等，甚至于连他的衣装颜色都是规定好了的。他从来穿的都是紫色或红色的长衫，腰间扎有腰带。其他如牛头、马面，黑、白无常的相貌，也都是在长期的历史过程中被规定好了的。这些是有形的鬼。

其他的鬼如果是有具体所指，生前曾是某某人者，则一般具有的便是该人的形象。而通常的并非具体所指的鬼，往往是无形的，它的形象是随意的，而且往往在夜间行动。

鬼的行为是二元的，并非一味地作祟（汉语有一句俗语：鬼鬼祟祟），同时也有诸多善举。《聊斋志异》中的许多故事，往往讲的是做善事的鬼。鬼与人的关系也有多重含义。鬼可以恐吓人、残害人；也可以帮助人、福佑人。

除了具体的人死后成鬼之外，还有诸多无名的鬼：吊死鬼、淹死鬼、冻死鬼、饿死鬼、馋鬼、色鬼、酒鬼等。在民间叙事中，这些不同鬼的行径，自然也和上吊、淹没、冻、饿、贪食、贪色、贪杯等行为有关。那些非正常原因死亡者所成为的鬼，在民间叙事中最多见的活动是找替身，这样他们便可以解脱和往生。这在汉语里叫"抓替死鬼"。"抓替死鬼"一词，像欧洲许多民族语言中的"替罪羊"一词一样，已经变成推诿罪责、要人代替受过的一个形象的俗语。

《汉语大字典》中，鬼的第二义，故去的祖先，在汉民族的民间叙事中并不多见，这是因为，虽然这些具有人"格"的魂灵深居鬼的世界，按常理来说，其归属是鬼，但由于他们对族人多行善事，可以防御外在势力的侵害，可以福佑族人，所以常常具有某种神"格"的威力。例如在许多故事中，故去的母亲可以帮助孤儿免受后母及其所生子女的欺侮。这些母亲的魂灵是多变的，是万能的，是具有超自然威力的。他们和神"格"的形象仿佛没有本质的区别。

《汉语大字典》里，鬼的第三义，所谓万物的精灵，在汉民族的鬼世界里也是存在的，或许在很早以前的某一个历史阶段，这一类的鬼的形象可能是很多的。如今，我们仍然可以看到他们的若干代表，例如旱魃、山魈等。

二、中国民间叙事中的精怪

民间叙事还常常演述另外一类虚幻的形象——精怪。在汉民族的民间叙事中，动物、植物乃至一切有生物、无生物，均可成精。在大部分字典中对"精"的解释都是含混而笼统的，多为"神灵、鬼怪"。神灵和鬼怪是有区别的。民间叙事中的精，往往与鬼怪相类，而与鬼不同的是，它并非原有物的灵魂的化身，相反的，仅仅是这一事物的生存状态（不是死后）发生了本质性的变化，获取了异乎寻常的、超自然的能量。精怪不是神，但却有神力；不是鬼，但却有鬼的行径。在汉民族的民间叙事里，以精怪为主人公的故事比比皆是。树木可以成精，花草可以成精，石头可以成精，各种用具可以成精，作为动物的猴、蛇、鸡、蜈蚣、獐鹿、牛、熊也都可以成精，其中被讲述最多的莫过于狐狸精和黄鼠狼精。

精和妖怪在民间叙事中颇难区分，主要以它们的具体行事作为区别的标准。如同鬼一样，精怪并不都是以恶行为营生的。精怪助人、精怪行义举的情形也很多见。精怪在民间叙事中，很少与神的世界打交道。我以为把精怪释为神灵的观点未必恰当。

三、俄罗斯民间叙事中的鬼怪

俄罗斯民族民间叙事中的鬼怪世界与汉民族的迥然不同。

俄罗斯民间信仰及民间叙事中的乔尔特（chort），在汉语中通常被译为鬼，但与汉族民间信仰和民间叙述中的鬼全然不是一回事。从外在形象到生存状态，以及各种行事方式，同与灵魂有联系的中国的鬼的各种表现都不一样。乔尔特是浑身长毛、下肢长蹄、头上长角，仿佛存在于现实当中的一种生物，是同活生生的人一样存在于世界上的一种生物。他和人死后的魂灵没有任何联系。在民间叙事中，他会同人打交道，发生纠葛，有各种各样的交往和矛盾。同人打赌、捉弄人或者更多的是被人捉弄。

俄罗斯民间信仰和民间叙事中还有另外一些形象，这些形象在汉语中通常被错误地翻译成"神"。而在俄国民间宗教学、民俗学和民间文学研究的体系当中，这些形象向来是列在鬼怪精灵的体系当中。这些形象，都有所依据。他们或栖居在住室里，或栖居在院落里、澡堂里、畜圈里、庄稼地里、田野里，或者是在山中、水中、森林中……这些形象被翻译作"神"，实际上是错误地理解了他们的性质，错误地划分了他们的类别。我以为如果意译的话，或许可以译为"精灵""灵主""精怪"，这样似乎更接近这些形象的本义。

例如，多莫沃依（domovoy），家宅精灵，他是脸上长满了银白胡须的小老头，个头很小，光着脚，但长着一双大手，是栖居在家里的精灵，与人在家中共处。通常栖身在居室的某个角落里。虽然不为人所见，但有时家里的人会觉察到他的存在。他常常帮助主人做些好事。在一些民间故事中，他甚至也有妻子、孩子。在节日期间，家庭的主人要给他们献祭一些供品。人们有时称他们为"家主"

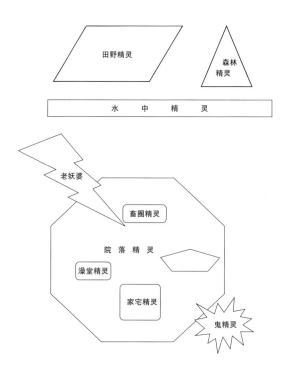

田野精灵

森林精灵

水　中　精　灵

老妖婆

畜圈精灵

院　落　精　灵

澡堂精灵

家宅精灵

鬼精灵

俄罗斯民间信仰和民间叙事中的鬼怪

或者"老爷爷"。这一点或许可以提醒我们，家宅精灵在遥远的古代，或许曾和祖先的灵魂有过联系。当然今天这种联系早已不复存在，被彻底淡忘了。主人迁居新房的时候，也要请家宅精灵迁入新居。家宅精灵有时也给居室的主人找些小麻烦，搞点恶作剧、小闹剧。例如俄罗斯汉学家李福清教授就对我说，他家的精灵就不喜欢他家的几本书，常常把那几本书从高高的书架上拿下来扔在地上。

在俄罗斯的精灵体系里，和家宅精灵相近的是栖身在院子里的庭院精灵，得沃罗沃依（dvorovoy），通常被归属在行恶精灵一类。他的形象是一条长着鸡冠的蛇。晚上他可能化成本家主人的形象。他虽是家畜的保护者，但往往会折磨家畜，这时，人们就不得不求助于家宅精灵，或者是将一只死喜鹊吊在畜棚里，以为这样就可以恐吓这个恶精灵。通常人们总是要讨好庭院精灵，给他送许多祭品。

俄罗斯村庄农户家的澡堂一般都是在庭院里单独盖起的建筑物。栖身在澡堂里的是澡堂精灵班尼克（bannik）。在俄罗斯人的观念中，澡堂向来是各种精灵聚居的场所。澡堂精灵的形象是一个脏兮兮、赤身裸体的小老头，有时他也会以猫或狗的形象出现。通常认为澡堂精灵常常与人为敌，危害人类，因此不得不经常给他献祭，宰杀黑色的公鸡或母鸡作为祭品。家人洗浴完毕一定要给他留下些肥皂和温水。按照俄罗斯人的习惯，通常洗浴时蒸浴三次，第四次是要留给澡堂精灵及其他所有精灵一同洗浴。围绕澡堂有诸多的禁忌。俄罗斯人从来不会在午夜以后进澡堂洗浴，而且在任何情况下也不会在澡堂里睡一晚。这也许同潮湿的澡堂因为明火燃烧而充满大量的一氧化碳有关。俄罗斯人尤其不会让幼儿单独在澡堂里洗浴，那样澡堂精灵就会用小精灵把家主的小孩换走，致使家主的孩子变成痴呆儿或残疾儿。对于出嫁前夕来洗浴的少女来说，她们尤其要敬畏澡堂精灵，否则会遭到澡堂精灵的报复。主人搬家时，同样要请澡堂精灵迁入新住所。

主管森林和野兽的精灵被称为列西（leshi）——林中精灵，他栖身在森林里。他的形象是一个披着兽皮的人，有时也有其他动物形象的特征，如尾巴和长蹄子。而且他常常可以变换自己的身高，有时高过大树，有时比小草低。他仿佛是森林中的主宰，可以把野兽从一处赶到另一处。他也控制着树木、菌类和野果的生长。他尤其和狼关系密切，有时，人们称他为"牧狼者"。他和人是敌对的，因此，人们要进入森林就不得不多加小心，以免得罪林中精灵。不然他可能会把你带入密林深处，让你找不到回来的路。他也会让狩猎者一无所获、空手而归。在民间叙事的传说故事中，他还会拐走到森林中去的年轻姑娘。

田野精灵波列沃依（polevoy）主宰原野和庄稼地。他有时以火星的形象巡视田野和庄稼地，有时又以生长在庄稼地里和草原上的伤残小老头的形象出现。

老妖婆芭芭雅嘎（baba-yaga）是俄罗斯民间信仰和民间叙事中最常见的精怪形象，她是一个常常作恶的老女妖，有不小的威力，是一个会使魔法的巫婆。她的形象狰狞可怖，两腿瘦骨嶙峋，视力也极差。与其说她生活在地下世界，莫如说她生活在人间。她的家是一幢长着鸡腿的房子，立在地上，而且会转动。这个老妖婆不是用腿行走，而是坐在一个桶里，有时她也会骑在一个扫把上，各处飞行。她常常偷窃小孩带回家煎食，以各家的烟囱作为进入房子的通道。她虽常常作恶，但偶尔也会做些好事。

在俄罗斯人的传统观念中，所有外在的世界都有精灵主宰，人被精灵包围着。俄罗斯的精怪世界仿佛是一个严整的体系：森林，有林中精灵主宰；水，有水中精灵瓦加诺依（wogianoy）主宰；在人的居所有家宅精灵、庭院精灵和澡堂精灵；主宰仓房（晾晒谷物和磨谷物的场所）的是仓房精灵奥维尼克（owinnik）。如果绘制一幅形象的图画，那么我们会看到一个各有辖区、各司其职的各色精灵的世界。这一精灵世界在俄罗斯民间叙事中占有相当重要的地位。

俄罗斯民族与传统观念中的这个精灵世界和东正教神鬼世界（如上帝、圣母、耶稣基督、撒旦等）完全不同，基本上是彼此无涉的两个体系。这与汉民族、与佛教信仰有密切联系的鬼世界的观念是不尽相同的。

附录：说说俄罗斯的心灵

　　世界上这么多民族，有些民族的习惯相差不多，或许它们经历了相似的历史进程，经历了相仿的社会变革。就此，我们常常会提出一个问题：这个民族和另外一个民族的差异究竟在哪里？导致这些差异的原因是什么？或许"民族性"是一种答案。用"俄罗斯心灵"这个概念来阐述俄罗斯人的民族性，对于认识我们的邻邦有着极其重要的意义。

　　俄罗斯人总被欧美人说成是愚昧的，甚至是野蛮的，这是一种贬义的说法。实际上，这个民族的内心世界是非常丰富的。车尔尼雪夫斯基（Н.Г.Чернышевский，1828—

1889）在《序幕》（Пролог）里便讨论了俄罗斯民族性的问题。他写到，在1861年农奴制改革之前，俄罗斯人喝点酒就会在街上骂这个骂那个，如果这时突然过来一个警察，对他说再喊把你关起来，他马上就会老老实实地回家。我在俄罗斯看到，一些顾客排队买面包，排了很长时间，排到的时候售货员说没有了，他们就规规矩矩地走了，一句牢骚也没有。十二月党人遭到流放，他们的妻子怀着信念，毅然抛弃贵族豪华奢侈的生活，追随丈夫到了苦寒之地西伯利亚。俄罗斯民族性中有张扬、狂放和野性的一面，同时也有矜持、收敛、忍耐和坚持的一面，他们对规矩和制度有强大的忍受能力。这二者看似很矛盾，但俄罗斯人却能很好地将其结合于一身，做出伟大的事情来。

　　长期以来，俄罗斯向西方学习的脚步始终没有停歇。我们可以看到，今天俄罗斯人的文化程度很高，举止言谈仍有上流社会的遗风。俄罗斯人特别重感情，还很淳朴厚道。他们的感情是带有博爱性质的，对此，我有亲身体验。在莫斯科大学学习期间，我帮助过一个老太太，她为了答谢我，从很远的郊区来到学校，居然就为了给我送一锅鸡汤，她怕鸡汤凉掉，用棉套子套着，端着锅站在冷风里等了很久。她到我宿舍来，看到我的毛袜子破了，就把袜子拿回家织补。这令我非常感动。记得我在《莫斯科晚报》写过一篇短文，就写到这件小事。

通过俄罗斯心灵这个主题，我们可以对俄罗斯民族性、文化特性进行非常全面和深入的表述。而且，从俄罗斯心灵出发去认识俄罗斯，也意味着我们对于它的理解不应该是抽象的、刻板的，或者是固化的，而是要具有实践性的。要进入俄罗斯心灵，就要置身于俄罗斯社会主体当中，挖掘和捕获俄罗斯心灵在不同时代的特点和所具有的不同的意义，而不是以完全他者的角度来审视俄罗斯心灵。

使用民俗学、人类学田野调查的方法研究俄罗斯社会，是非常重要的。在半个多世纪之前，我曾在这片土地做过调查。当时，我作为莫斯科大学民俗考察队的一员在沃罗涅日州的安纳区老托依塔村搜集民间故事。现在想来，我和俄罗斯有着不解的缘分，小的时候，在我生活的地方就有很多白俄罗斯人，20世纪50年代，我又被派往苏联留学，近些年也常去俄罗斯做访问和调查。我是很幸运的，见证了俄罗斯社会的变迁。

我从小生活在海拉尔，当时，在海拉尔有很多白俄罗斯人，他们大多是顺着中东路过来的，十月革命和大饥荒时期又来了很多。现在想来，他们中间很多人都是旧礼仪派，这些白俄罗斯人在海拉尔还建了东正教堂。我们和白俄罗斯人的关系很友好，觉得他们的生活方式比我们更有意思。有件小事我还清楚地记得：我们在街上玩，我的弟弟摔倒了，头磕在地上流了很多血，两个俄罗斯修女经过，她们把弟弟领到教堂并为他包扎。

1949 年 8 月，我来到哈尔滨，插班进入第七中学初中三年级学习。1950 年，我初中刚毕业，念了两个月高中，出于赤子之心，十一月就进入哈尔滨俄语专科学校学俄语，准备着去卫国保家乡。1953 年，毕业留校，我在学校担任俄语语法教员，讲课的第一天，刚巧是 19 岁的生日。

1955 年，作为研究生，我被派往苏联留学。留学期间，我多次参加民俗考察队，深入民间。民俗考察让我走进了乡村，让我感受到了城市和乡村的差别。民俗考察时，我们每到一村要先找集体农庄主席报到，只有他批条，我们才能在供销社购买面包和牛奶。一到村子里，根本不用打听谁是主席，一看房子和院子就清清楚楚了，集体农庄主席肯定住在村里最好的房子里。普通村民生活得还很贫苦，几乎每个家庭都有人在战争中死去，在集体农庄里的劳动也非常繁重，但村民还保持着勤劳、淳朴、真诚的品性。我还记得我去过一个村子，村里有一个很大的风车，风车下是磨坊。每到晚上，我们在磨坊里点上幽暗的灯，请老太太们唱歌，我们拿着录音机记录。我在日记里写道："我们就像风车一样，采集那些宝贵的东西，他们在屋子的中央，在昏暗的灯下，我们坐在外围，听她们唱歌、讲故事。我心里想，里边坐着的这些人养活着我们，而我们回到莫斯科，洗浴干净之后，又过上那种优裕的生活。"

借民俗考察的机缘，我接触了苏联的底层社会，看到了社会存在的矛盾和问题，情况并不像媒体宣传的那般美好。记得有一次考察的期间，我还赶巧看到了集体农庄庄员大会的选举场面，那个集体农庄的主席叫古里亚耶夫（Гуляев），有几个溜须拍马的人在前边高喊："古里亚耶夫！古里亚耶夫！"后边的庄员小声地说："当然是选古里亚耶夫，他每天晚上都在风流（Конечно Гуляев, каждый вечер гуляет）。"Гуляев（古里亚耶夫）和гуляет是同根词，后者指胡搞，男女关系不检点。最后，这个生活腐化的主席又再次当选。我曾有一个同学在哈萨克斯坦的一个农场当农技师，那里的情况很糟糕。他和农场场长、会计都不敢住在农场里，他们用大汽车把工人和物资拉到垦荒的地方就走人，到发工资的时候，也是发完钱之后立即开车走人。农场工人拿了钱就去买酒，喝醉了就会找他们闹事。赫鲁晓夫曾下过禁酒令，有人为了喝酒想尽各种办法，用糖都可以酿酒。我们去农庄考察，刚到一户人家，这家人就忙活着藏东西。过了一个礼拜，他们见我们不是上头派来检查的，就把一套酿酒设备又搬了出来。

我留学期间，正是苏联的所谓解冻时期，整个社会开始对现行的制度进行反思。我在大学二年级的时候，小说《不仅仅为了面包》（He хлебом единым）非常流行，作者是杜金采夫（Владимир Дудинцев，1918—1998）。故事的梗概是这样的：有一个工程师，他的发明成果被工厂书记霸占，书记的夫人同情他，为他主持正义。人们都争相读这部小说，并引发了社会的大讨论，有人认为这是攻击当局，有人认为这是揭露社会的阴暗面。记得在莫斯科大学的讨论会上，有一个教授出来说："我们的政府是正确的，不能指责。"学生们群起而攻之，把他赶下了台。我还记得，杜金采夫出来说："一个社会在前进，仿佛一列火车往前走，在拐弯的时候，不能开得太快，如果太快，就会脱轨，我们不能不前进，但也不能让车脱轨。"

1980年以后，我再次到访苏联，感觉原来的旧传统还在，但经济状况不好，城市有些破败。人与人的关系冷淡，个个都不是那么乐观。人们对现有制度失望，官僚体制问题严重。等到苏联解体后，再去俄罗斯，感觉秩序很混乱，人心惶惶，两极分化严重。有一次，我在莫斯科大街上看到几个广告牌，上边是一位女人的肖像，旁边只写着"我爱你"，没有其他的广告词。当地人告诉我，这是富豪用此来为夫人庆祝生日的。俄罗斯科学院文学所所长库杰林邀请我去他家做客，一进公寓大门，就发现楼梯上铺着红地毯，还有保安执勤。库杰林告诉我，这是楼上有钱人弄的，这些暴富起来的人被称为新俄罗斯人。新俄罗斯人是在私有化过程中暴富起来的。

休克疗法①将国有经济私有化，所有国有资产都被估算，每个人都能分配到，从总统到扫大街的，人人都有，看来非常公平合理。但实际上，这些证券迅速贬值，每个人分到手上的那一点证券根本起不到什么作用，只能换点面包或者酒。这样，有经济实力的人就开始收购这些证券，财富迅速集中到少数人手中，这些人成为豪富。而我接触到的普通人生活水平低下，连大学的教授和科学院的研究人员为了维持生计都不得不打几份工。

前些年，我在莫斯科访学的时候，曾租住在一户人家

---

① 原是医学上临床使用的一种治疗方法，后被引入经济学领域，指稳定经济、治理通货膨胀的经济纲领和政策。（编者注）

里，他们为了增加点收入才把一个房间租给我。有一次，我买了两张演出票送给他们，他们犹豫了很久，最后还是婉拒，原因是他们找不出像样的衣服去看演出。前年冬天，为了俄罗斯旧礼仪派传统民歌的课题，我去西伯利亚的一个小村庄，看到的是一片萧瑟破败的景象。村里没有什么人，土地都荒了，都没人种。种地需要牲畜、拖拉机，这些农机具在集体农庄解散的时候都被分掉了，普通村民没有能力再置办这些农具，只能种自己的园田地，夏天还好过一些，到了冬天特别难熬。

20世纪以来，普通俄罗斯人的生活不能说是幸福祥和、一帆风顺，但是，即使环境再恶劣，生活再艰难，俄罗斯人也能想办法乐观地生活下去。这当然还要回到前面说到的民族性问题。或许这和农奴制与东正教的历史有某种关系。

我想，要认识、了解和发现俄罗斯还是应该到俄罗斯文化和俄罗斯人的心灵中去寻找。走进俄罗斯，走进俄罗斯的城市与乡村，贴近俄罗斯心灵，才能真正感受到俄罗斯的沧桑变化。

拓展人文交流合作，
促进文化多样性发展[①]

尊敬的女士们、先生们!

正像各位所知道的，金砖国家各自面临的、由现代化进程引发的问题，有很多带有共性色彩。在应对共同的社会政治和经济发展的挑战方面，我们有很大的合作空间。

同样的，金砖国家在适应周围环境及与自然和历史的互动中，尽管各自不断地进行着文化的创造和再创造，对整个人类文化发展做出了有目共睹的重大贡献；但是在文

[①]　本文系作者 2020 年 12 月 3 日在 2020 金砖国家治国理政研讨会暨人文交流论坛上的发言。

化领域，为达到促进世界和平和可持续发展的共同愿景，在扩大共识、拓展人文交流合作新途径方面，也需要做出特别的努力。

我们金砖国家都有着非常丰富、悠久的文化传统。尽管各自的文化传统多姿多彩、各具特色，但在许多环节和领域，也存在着相当明显的共性特点。例如，我们共同生活在同一个太阳的光辉照耀下，我们参照太阳和地球关系变化的情况，分别制定了各自生产和生活的时间制度。中国人根据日月运行与地球的关系，制定了自己的阴阳合历及二十四节气。古都北京的天坛、地坛、日坛、月坛，一直是冬至、夏至、春分、秋分之际祭天、祭地、祭日、祭月的神圣场所。二十四节气既是人们从事生产活动的时间标志，也是我们丰富多彩的生活方式的季节呈现。

作为一个文明古国，印度很早就掌握了季节转换的规律和天文测定技术，制定出了具有印度特色的阴阳合历，用以规划他们的生产生活，并建构和丰富自己的文化体系。经多次增改，在1世纪正式成书的《太阳悉檀多》里，对春分秋分、夏至冬至、日食月食、行星运转及时间测定方法等问题均有明确记述。

俄罗斯先民也很早就确认了春分、秋分、夏至、冬至的时间节点，很多民间传统节日甚至包括一部分宗教节日也都设置在春分、秋分、夏至、冬至期间。弗拉基米尔·普罗普教授曾经指出，民间的圣诞节（Sviatki）和冬至有着密切的关联；迎春节庆活动安排在春分时节，民间的复活节（Pasha）也安排在春分期间；伊万·库帕拉节（Ivan Kupalo Day）原来就是确定在夏至举行洗浴等庆祝活动，我觉得这个以节庆习俗命名的节日或许可以简单明了地直接翻译成夏至节。关于巴西和南非的情况，我的知识不足，还要请教在座的国际友人和相关专家。

上面的这些和而不同、美美与共的实例说明，我们对诸多问题不仅具有认知方面的共识，而且我们同样对这些认知对象又都赋予了具有民族色彩的情感内涵。

国际社会为了人类的整体价值和长远利益，提出保护人类文化多样性的主张。因为继承各民族优秀文化传统，坚持文化发展多样性是人类创造力持续发展的必要条件。文化表现形式包括传统文化表现形式的多样性，是个人和各民族能够表达并同他人分享自己的思想和价值观的重要因素。2005年，联合国教科文组织通过的《保护和促进文化表现形式多样性公约》指出："文化在不同时间和空间具有多样形式，这种多样性体现为人类各民族和各社会文化特征和文化表现形式的独特性和多元性。"另外还特别指出："文化多样性是人类的一项基本特性。""文化多样性创造了一个多姿多彩的世界，它使人类有了更多的选择，得以提高自己的能力和形成价值观，并因此成为各社区、各民族和各国可持续发展的一股主要推动力。"文化多样性既是千百年来人类文化发展历程的高度概括和总结，同时也应该成为我们发展民族文化、拓展交流、扩大共识的基础。

我们每个民族善待自己的传统文化，继承和弘扬自己优秀的民族文化传统，也是关乎金砖国家及整个人类文化发展的大事。我们越来越清楚地认识到，民族的立场和全人类的立场并不是截然对立的。保护自己的优秀文化传统不仅仅是单纯地涉及一个国家、一个民族文化建设的重要问题，也是人类文化多样性发展的基础和保证。金砖国家共同推动包括非物质文化遗产在内的整个文化遗产保护工作的意义，恰恰在于借助这个文化规律为人类社会寻求一个超越物质独占和文化权力不平等，以期消弭由之而造成的人与人、社会与社会之间的纷争，从而推进人类文化繁荣发展。因此我们不仅要有民族的视角，还要有全人类的视角。用人类视角来认识和保护我们各自民族的文化遗产，将使我们的保护工作具有促进人类文化发展得更广泛、更长久、更深刻的意义。

就拓展金砖国家文化交流新领域新途径方面的议题，我想从非物质文化遗产保护和传承角度谈一点个人意见。我认为金砖国家在这一方面的相互交流、彼此借鉴以推进各自民族文化的繁荣发展并做出世界贡献，有很大的合作空间。

人总是生活在一定的社会群体当中，非物质文化规范着这一群体的生活方式、价值取向。因此，它是维系和巩固群体团结和谐的黏合剂，是一定群体、一定民族凝聚力的载体。无论你有怎样不同于其他人的经历，无论你处在何等异样的生活环境中，本民族历史传承的非物质文化总会无形地把你同自己的社会群体、同自己的民族牢牢地联系在一起。因此，非物质文化也是每一个人民族身份的标识，是一个民族的所有成员文化认同的依据。非物质文化具有社会包容和集体动员的强大力量，并且展现出沟通心灵、交融情感的无穷魅力。

非物质文化对象具有可以共享的特点。这里我所说的共享性，不是单指不同的人对同一文化对象能够共同感知、共同感受、共同欣赏、共同品味，等等；而是着重地指不同的人，不同的社群、族群，能够共同持有、共同享用、共同传承同一个文化成果。这种非物质文化的共享性不受时空的限制。文化共享的历史与人类文化发展的历史共短长。人类文化发展的历史，是文化创造的历史，同时也是不同人群、社群、民族、国家相互间文化共享的历史。如果没有这种非物质文化遗产的共享性，就无从实现人类文化的多样性发展。文化交流、彼此借鉴的前提和基础就在于非物质文化遗产的共享性。

非物质文化遗产的共享性无疑会对推进整个人类的文化发展，提供强大助力。以我个人的理解，联合国教科文组织关于文化遗产保护的设计理念之一，在于正确处理民族文化与人类文化的关系，在于确认特定民族文化的人类文化地位。在认真践行国际性公约和文件的过程中，金砖国家都付出了努力，做出了贡献，各国都有意义重大的项目（例如印度的瑜伽、巴西的圆圈桑巴舞、俄罗斯的塞梅斯基人的文化空间和口头文化等项目），都列入了人类非物质文化遗产代表作名录。中国广大民众和各级文化行政领导部门特别关注继承悠久而丰富的民族文化传统，创造了一系列保护文化和自然遗产、保护和传承非物质文化遗产的有效方法和实际经验。

在我国推行非物质文化遗产保护的工作实践中，特别强调非物质文化遗产在民众生活当中的生命力、历史的传承性和在现实当中的实际功能。传统只有在对当今社会生活发挥积极作用时，才能体现其自身价值，否则是没有实际意义的。所以说，非遗保护不是为了回忆昨天的历史，发思古之幽情，而是为了人类文化的多样性发展，是为了实现广大民众今天的生活幸福和明天的美好愿景。

非物质文化遗产的主体和载体是传承人，历代的非物质文化遗产传承人群体是文化历史的伟大创造者，值得我们高度尊重、高度评价。因此，我国在评选和公布代表作名录之外，还建立了评选和公布非物质文化遗产代表性传承人的制度，这是对相关国际公约等文件的发展。代表作名录和代表性传承人的名录是保护非物质文化遗产的重要途径。这两个名录的主旨在于向全社会宣示保护单位和传承人的庄严承诺，是他们在人民大众、在民族乃至国际社会面前立下约言，要为广大民众今天的福祉和明天的文化建设承担起保护和传承自己所代表的非物质文化遗产的责任。在这方面我亲自观察到很多可歌可泣的生动事例，很多传承人把保护非遗项目看成自己生命的最高价值和意义。在非遗的传播和弘扬方面也创造出不少好的经验。例如，古琴进校园，通过积木游戏的方法介绍和传播中国传统木结构营造技艺，再如通过建桑基鱼塘为蚕丝纺织技艺创造一个良好的生态链系统。

既然金砖国家及世界其他国家的非物质文化遗产成果同样是人类共同的宝贵财富，那么我们在保护和传承这一重要财富的过程中，相互了解、彼此借鉴就是极为必要和极为重要的。我个人有幸多次深入西伯利亚俄罗斯旧礼仪派当中，考察塞梅斯基人的古老民歌和他们的生活方式，也在中国刊物上推介俄罗斯非物质文化遗产，在俄罗斯刊物上介绍中国非遗保护实践。在拓宽文化交流途径方面，我们可以借鉴各国的实践经验，拓宽视野和思路，采取各种灵活有效的手段，使优秀传统文化的保护传承取得更优异的成就。以往我们相互之间在这方面已经有所推进并取得了一定成绩。我想，今后还可以进一步——

（一）在相关媒体开辟专栏，互相介绍对方的非物质文化遗产的成就；

（二）在不同国家举办一国或多国的非物质文化遗产传承人展示展演活动；

（三）组织传承人到其他国家相关领域参观、访学和参与实践；

（四）组织青少年认识和体悟其他国家的非遗，以提高彼此的友好情谊；

（五）组织戏剧、音乐、舞蹈的纯民间艺术团体相互访问、巡演或联合演出；

（六）组织两国或多国的学者进行联合考察或合作研究；

（七）召开两国或多国的非遗保护传承学术研讨会和经验交流会；

（八）加强对他国生活方式包括日常生活及节庆活动等的介绍；

（九）采用数字化手段，通过互联网，加强金砖国家的文化交流和彼此借鉴。

唐代诗人白居易曾经在自己的诗作中写道："江南好，风景旧曾谙。日出江花红胜火，春来江水绿如蓝，能不忆江南？"金砖国家在以往历史过程中创造了并且在当下现实生活中仍然享用着丰富而宝贵的非物质文化遗产，为什么我们不能在21世纪通过共同努力在继承弘扬传统文化方面，开创出一个红红火火灿烂辉煌的广泛交流、彼此借鉴、共同繁荣的新局面呢？我相信，这个美好愿景一定会实现。

后　记

　　国家图书馆社会教育部承担着国家图书馆的社会教育职能，开展国图讲坛、国图公开课、文津图书评选、传统文化技能培训等公共文化服务活动。2014年，社教部加挂中国记忆项目中心牌子，开展记忆资源建设与非物质文化遗产保护工作。2015年起，受原文化部委托，承担非遗记录工程——国家级非遗代表性传承人记录工作的标准制定、咨询培训和成果的验收保存与服务工作。

　　本书的出版，给了我们重温刘魁立先生思想、复习先生讲座的机会。我中心多位同事参与了本书初稿的编辑整理。其中，黄静作为"非物质文化遗产保护讲座月"的策划人，参与整理了"当今社会历史条件下的非物质文化遗产保护"、"非物质文化遗产——加强系统性保护　促进可持续发展"、"非遗保护的法治建设和实践成果"（该篇已并入其他篇目）、"二十四节气和中国传统节日"、"作为时间制度的中国节日体系——以传统新年为例"等讲座的字幕稿。书稿部分，由毛梦鸥、田艳军负责整理《当今社会历史条件下的非物质文化遗产保护》，张曼整理《非物质文化遗产保护的时代机遇》，岳梦圆整理《非物质文化遗产——加强系统性保护　促进可持续发展》，康瑜、邢超整理《二十四节气和中国传统节日》，董宜凡整理《当俄罗斯旧礼仪派塞梅斯基人走向世界的时候》。

在此，我们要感谢中国农业博物馆农业历史研究部（二十四节气研究中心）副研究员、中国民俗学会副秘书长张建军。在成书过程中，张建军老师给予我们巨大的帮助。为了提高本书内容的完整度与丰富度，张老师承担了附录与图片的补充工作，并对全书内容进行了细心的审校。

此外，感谢一直倾力支持我中心工作的天津古籍出版社副总编赵子源促成了此书的出版，感谢天津人民出版社编辑康悦怡，在工作周期十分紧张的情况下，投入了大量时间精力，全力配合编辑、排版等工作，使本书能保证质量、如期出版。

最后，我们要感谢刘魁立先生多年来对国家图书馆，特别是对国图社会教育部（中国记忆项目中心）的厚爱。十多年来，您对我们的工作从来都是有难必帮，有求必应。

十多年来，每位和您接触过的同事，无不为您的高尚品德和深厚学养所折服，为您的拳拳热忱和赤子之心所感动。您是我们学习的榜样，更是我们事业的明灯。向您致以最崇高的敬意！

由于成书仓促，且编者水平有限，疏漏不当之处在所难免，恳请读者批评指正。

国家图书馆中国记忆项目中心

2024 年 12 月